Naiara Briones Arauce

AGUJETAS
MATERNALES

Actividades fáciles y creativas
para mamis ocupadas y sus peques

LAROUSSE

© texto y fotografías: NAIARA BRIONES ARALUCE

© LAROUSSE EDITORIAL, S. L., 2025

C/ Bac de Roda, 64, 1.ª planta, local B, 08019 Barcelona

www.larousse.es clientes@grupoanaya.com

Edición: Carlos Dotres Pelaz

Diseño y maquetación de cubierta y de interiores: Naiara Briones Araluce

Corrección: Ariel Vándor

El carácter intrínseco del juego de manipulación, experimentación o al aire libre hace que alguna de las actividades propuestas en este libro pueda comportar algún riesgo según las circunstancias en que se lleve a cabo. Dicho riesgo es imposible de predecir en el libro y debe ser evaluado en cada situación por los padres o tutores de los menores en el momento de realizar la actividad. La autora y la editorial no se responsabilizan de daños o lesiones que pudieran producirse durante la práctica.

Los descargables de este libro han sido creados utilizando herramientas como Canva y DALL·E para dar vida a ideas creativas y accesibles.

Primera edición: marzo 2025

ISBN: 978-84-10124-89-9

Depósito legal: B-1080-2025

1E1I

PAPEL DE FIBRA
CERTIFICADA

ÍNDICE

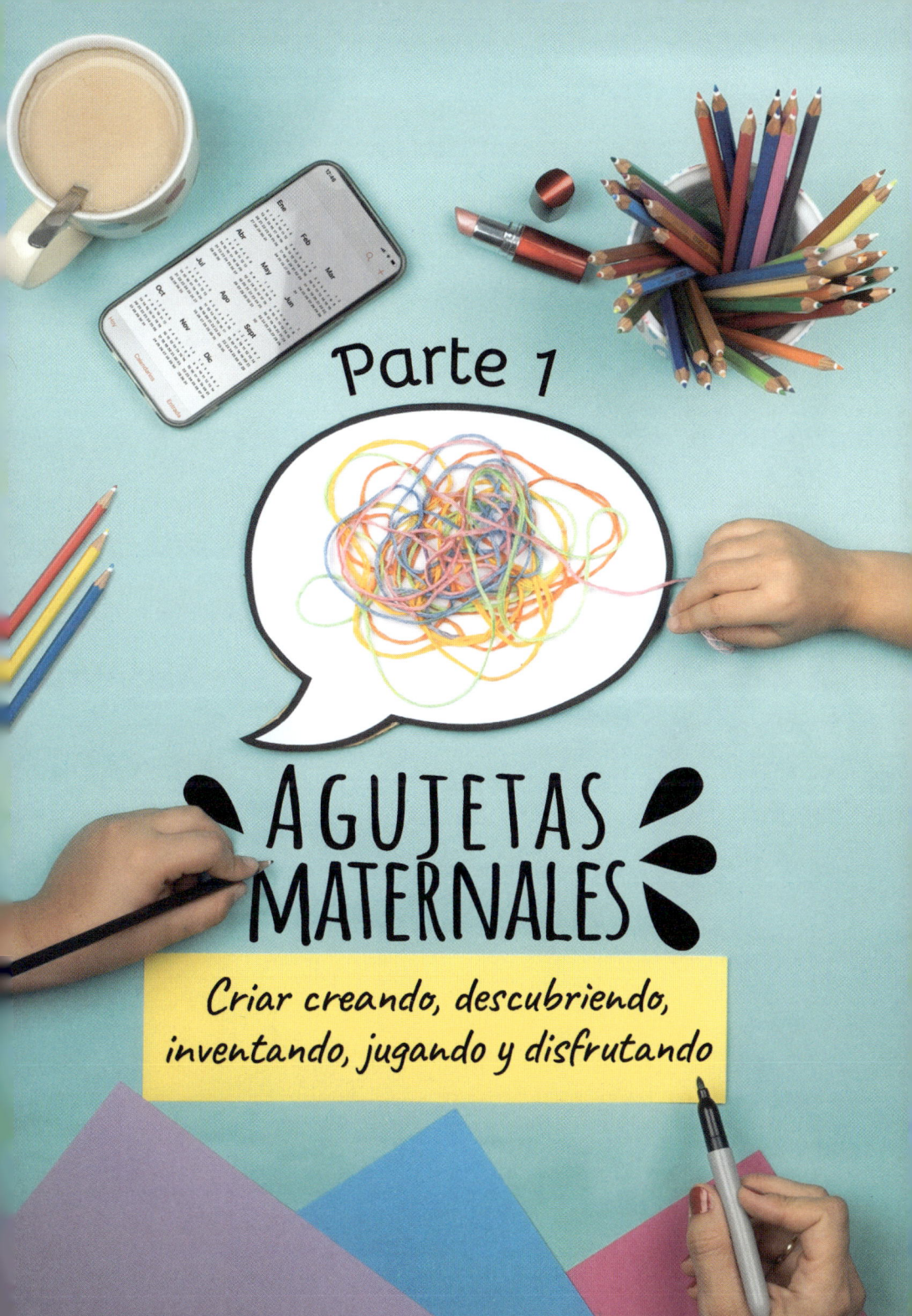

Parte 1

AGUJETAS MATERNALES

Criar creando, descubriendo, inventando, jugando y disfrutando

¿QUÉ SON LAS AGUJETAS MATERNALES?

Quizá te estés preguntando qué es eso de las «agujetas maternales», aunque seguro que tu intuición ya te da una pista. Este concepto tiene que ver con el cansancio físico y mental que supone la maternidad. Porque ser madre es agotador. Por supuesto que también es una experiencia maravillosa, llena de momentos que nos transforman y nos hacen crecer de maneras que no imaginábamos. Ser madre nos vuelve más previsoras, empáticas, prácticas y compasivas. Sí, traer una vida al mundo seguramente sea lo más trascendente que hagamos muchas de nosotras. Pero toda esa evolución personal tiene un coste.

Si la vida fuese un videojuego, la maternidad desbloquearía un nuevo nivel de cansancio desconocido hasta el momento. Creíamos saber lo que era estar cansadas… hasta que nos convertimos en mamás. Ese cansancio no es solo físico (que también, sobre todo cuando tienes bebés o niños muy pequeños en casa), sino también mental.

Bueno, esas agujetas son las que nos quedan tras el esfuerzo diario de cuidar, atender y, sobre todo, acompañar a nuestros hijos en su crecimiento, viendo cómo aprenden, tropiezan y siguen adelante cada día. Pero también son las que nos recuerdan que estamos haciendo algo grande, algo que compensa el agotamiento. Este libro está pensado para transformar esas agujetas en momentos creativos, compartidos y llenos de vida. Porque si algo sabemos las madres, es que no queremos que la fatiga del día a día nos impida disfrutar del tiempo con nuestros hijos.

Te voy a contar la primera vez que recuerdo haber experimentado la sensación que dejan las agujetas maternales. Fue unos días después de dar a luz por primera vez. Mi marido se incorporó al trabajo a las dos semanas del nacimiento, y yo me quedé sola con mi hijo con la sensación de no tener ni la más remota idea de lo que estaba haciendo. Cada mañana le tenía que dar unas gotas de vitamina D. Hubo un día en el que me despisté, y casi se me olvida darle su dosis. Y en ese preciso momento me di cuenta de algo: si yo me olvidaba de darle esa vitamina, nadie iba a dársela. Yo era la persona responsable del bienestar de ese pequeño ser humano que descansaba tranquilamente a mi lado. Ese pensamiento fue el comienzo de mis *agujetas maternales*, que siguen acompañándome a cada paso de mi maternidad.

Seguro que tú también sientes esa profunda responsabilidad de acompañar, supervisar y apoyar el desarrollo de tus hijos en todas las facetas de su vida: su salud, educación, vida emocional, social, creativa y su crecimiento como seres autónomos con valores. Y seguro que me dejo alguna faceta en el tintero.

En cualquier momento del día, si una madre dijera en voz alta en qué está pensando, estoy segura de que el pensamiento nunca sería único. Siempre habría una lista interminable de preocupaciones, tareas y detalles que giran en torno a lo que necesitan nuestros hijos: *¿Qué van a comer hoy? ¿Van bien abrigados? ¿Tienen listo el material para el colegio? ¿Han dormido suficiente? ¿Cómo se habrán sentido con ese comentario que les hicieron? ¿Está la cita con el pediatra ya programada?* Incluso en los momentos de calma, nuestra mente está llena de recordatorios, decisiones pendientes y planes para asegurarnos de que cada necesidad, grande o pequeña, esté cubierta.

Esta carga mental invisible, aunque la llevamos con amor, es agotadora. Es como si siempre tuviéramos varias pestañas abiertas en el navegador de nuestra mente, intentando preverlo todo, anticiparnos a cualquier problema y equilibrar las necesidades de todos los miembros de la familia. Es un trabajo que muchas madres cargamos en silencio, mientras seguimos adelante, cuidando, amando y sosteniendo el mundo de nuestros hijos. Ya lo dijo Silvia Federici: «Eso que llaman amor, es trabajo no pagado».

Y aquí está la cuestión: este trabajo, este esfuerzo diario que sostiene el bienestar de quienes nos rodean, sigue siendo invisibilizado por la sociedad. Durante siglos, los cuidados fueron el trabajo principal de las mujeres, un pilar esencial para el bienestar familiar y social. Sin embargo, con la incorporación de las mujeres al mercado laboral, lo que no generaba beneficios económicos dejó de considerarse valioso. Las amas de casa, que nunca han tenido un salario ni beneficios sociales por su labor, al menos eran reconocidas como tales. Hoy, además de no ser remunerado, el trabajo de los cuidados parece haber perdido su valor como ocupación.

Según el estudio «El coste de la conciliación» de la Asociación Yo No Renuncio, el 57% de las mujeres en España sufre pérdidas salariales al convertirse en madres, debido a reducciones de jornada, excedencias o abandono del empleo. El 64% de las mujeres llega cansada todos los días al trabajo. Además, el 85% dispone de menos de una hora libre al día, lo que refleja un impacto profundo en la calidad de vida y la salud mental de muchas madres. Estas cifras no son solo estadísticas, son el reflejo de una realidad que afecta a millones de familias. Sin el esfuerzo invisible de quienes cuidan, el mundo simplemente se detendría. Sin embargo, vivimos en un sistema que parece decirnos que, si no producimos, no existimos.

Para cambiar esta narrativa, es esencial implementar medidas como la cotización del trabajo doméstico, un salario específico por cuidados o subsidios para las familias. Estas políticas no solo dignificarían el trabajo de los cuidados, sino que también serían un paso hacia una corresponsabilidad real, permitiendo a las familias conciliar la vida laboral y personal.

A día de hoy, estas políticas siguen sin ser una realidad. Las mujeres estamos más preparadas que nunca y presentes en todos los ámbitos laborales, pero seguimos asumiendo la mayor parte del trabajo de cuidados. Este doble esfuerzo tiene un coste: el 93 % de las madres ha tomado decisiones laborales que implican algún tipo de renuncia, ya sea reducción de jornada, excedencias o incluso abandonar el mercado laboral. Intentamos equilibrar nuestras responsabilidades profesionales con las familiares, pero lo que solemos dejar de lado es a nosotras mismas.

A lo largo de mis años como madre, he vivido ambas caras de esta realidad. He pedido excedencias y reducciones de jornada para cuidar a mis hijos y a mis padres, y también he trabajado a tiempo completo fuera de casa mientras seguía siendo la cuidadora principal de mis hijos. Pero es cuando intentas compaginar un trabajo fuera de casa con la responsabilidad de los cuidados en el hogar cuando aparece una sensación de desdoblamiento inevitable. En el trabajo se espera que rindas como si no tuvieras hijos, y en casa, que cuides de ellos como si no tuvieras otro trabajo. Es una fórmula imposible que no solo afecta nuestra salud física y emocional, sino que además nos hace sentir que nunca llegamos a todo, que siempre estamos fallando en algún frente. Y ahí es donde surge esa sensación de ser una «mala madre», una etiqueta que a veces nos ponemos nosotras mismas porque la sociedad nos exige ser perfectas en un rol que, de por sí, es inalcanzable.

El trabajo de cuidar, lleno de amor y dedicación, lleva generaciones siendo invisibilizado. Sin embargo, ese esfuerzo tiene un coste personal que pasa por renunciar

al autocuidado. Muchas madres posponemos nuestras necesidades para priorizar las de nuestros hijos: quizá no recordamos la última vez que nos compramos ropa para nosotras, pero ellos siempre van bien vestidos. Tal vez hace meses que posponemos nuestra revisión médica, pero jamás olvidamos una cita para ellos.

Al convertirnos en madres, el mundo parece esperar que nos pongamos en segundo plano, sin quejas, pero también sin reconocimiento. Y si alguna vez nos atrevemos a expresar lo agotador que puede ser, nos recuerdan rápidamente que hemos escogido ser madres, como si esa decisión nos despojara del derecho a sentirnos desbordadas. Pero nadie debería tener que elegir entre su bienestar y el de su familia.

Pero seguimos adelante, porque sabemos que nuestra dedicación da a nuestros hijos una base sólida para crecer. Sin embargo, eso no significa que no cueste o que no sea agotador. Este libro no pretende romantizar esa carga ni minimizar el esfuerzo que implica criar y cuidar. Más bien es una pequeña contribución para aliviar, aunque sea un poco, esa sensación de estar siempre intentando encontrar un equilibrio imposible, de ser todo al mismo tiempo: proveedoras, educadoras, cuidadoras y creadoras de momentos perfectos en familia, dignos de una cuenta de Instagram.

Mientras la sociedad cambia y seguimos luchando por visibilizar nuestra labor y reclamar el valor que merece, este libro quiere ser una herramienta que te acompañe en el día a día. Considera estas páginas un manual, de «mala madre» a «mala madre», pensado para maximizar el tiempo que tenemos con nuestros peques, que a menudo es escaso. Creo firmemente que, como mujeres, debemos unirnos y aportar lo que mejor sabemos hacer. Ya que la creatividad parece ser lo mío, esta es mi forma de contribuir: con propuestas sencillas, bonitas y prácticas, diseñadas para hacer la vida un poco más fácil y la crianza un poco más llevadera.

Las agujetas maternales, con todo su peso, también tienen una cara positiva: nos hacen inconformistas, nos impulsan a buscar soluciones, a reinventarnos y a querer ser siempre nuestra mejor versión como madres. Estas páginas están llenas de actividades diseñadas para que, entre risas y creatividad, podamos aligerar el peso de la rutina y el cansancio. Porque, al final, no se trata de llegar a todo de forma impecable, sino de encontrar en ese camino de la rutina diaria los momentos que nos conectan, nos hacen reír y nos recuerdan por qué merece la pena todo este esfuerzo.

¡¡ VACUNA GRIPE !!

MIÉRCOLES, 27

- UNAi 18:30
- NGLÉA 18:40
- ASIGZ 18:50

MULTIPLICANDO EL PODER DEL AHORA

Queremos exprimir el tiempo con nuestros peques. Queremos que ese tiempo sea especial. Acompañarlos. Estar presentes. Ayudarlos a descubrir quiénes son y a que cuenten con nosotras en cada paso de su vida. Esto requiere un tiempo y un nivel de dedicación de los que muchas veces no disponemos. A menudo tenemos la sensación de vivir en una carrera de obstáculos, siempre pendientes de la hora y con algo importante que hacer. La rutina no perdona, y es agotadora: desayuno, colegio, trabajo, merienda, extraescolares, citas médicas, un rato de parque, deberes, baño, cena, cuento, dormir…, y a volver a empezar.

El tiempo de calidad que pasamos con nuestros hijos a lo largo de la semana es, a veces, escaso. Ya no estoy hablando de la «rutina de supervivencia» que supone llegar a todo con la lengua fuera. Me refiero a disfrutar de tiempo en familia sin mirar la hora cada 3 minutos porque estamos llegando tarde a algún sitio. A todos nos gustaría tener más tiempo de este tipo con nuestra familia, pero muchas veces la cantidad no es algo que podamos decidir. Lo que sí está a nuestro alcance es la calidad, es decir, lo que hacemos con ese tiempo. No es lo mismo pasar un domingo por la tarde viendo la tele, que haciendo una actividad juntos. No hablo de grandes planes o de viajes. Hablo de pasar tiempo juntos y disfrutar de la compañía de nuestros hijos.

Siempre que he dispuesto de más tiempo para invertir en mi familia (tiempos de bajas por maternidad o excedencias por cuidados) he dedicado una parte de él a elaborar recursos en distintos formatos (*posts* en mi blog y publicaciones para redes sociales) para dar ideas a las familias que quieren pasar tiempo juntos haciendo actividades creativas. Todo empezó a finales de 2019, cuando decidí comenzar a compartir experiencias a través de un blog que titulé «Agujetas maternales». El nombre era una evolución de otro blog que creé cuando era más joven y no tenía peques, llamado «Agujetas mentales», en el que reflexionaba sobre diferentes aspectos del arte, la creatividad y la vida en general. Mi segundo blog no podía ser más que una evolución del primero, ya que quien lo escribía era una evolución a madre

de aquella eterna estudiante de Bellas Artes que siempre estaba haciendo fotos, escribiendo pensamientos y visitando salas de exposiciones. En aquel momento me encontraba de excedencia por los cuidados de mi hija mediana. Los contenidos que subía iban teniendo cierta aceptación, pero no empecé a tener una visibilidad notable hasta que llegó la pandemia. Las familias nos vimos encerradas en casa con nuestros hijos por tiempo indefinido, sin poder salir a la calle. Mi iniciativa fue compartir diariamente a través de mis redes sociales las actividades que hacía en casa con mis hijos: proyectos creativos, recetas, experimentos, juegos... Y fue entonces cuando me di cuenta de que todas las familias queremos pasar tiempo de calidad juntos, pero no siempre encontramos el momento de planificar, decidir y preparar las actividades o planes que llevar a cabo en ese tiempo.

El confinamiento pasó, pero las familias seguimos necesitando compartir tiempo de calidad. Uno de los mensajes que más me mandan las madres que contactan conmigo a través de redes sociales es: «Gracias por tus ideas. Me encanta hacer cosas con mis hijos, pero no tengo tiempo de preparar nada». Esa aceptación y agradecimiento han sido el motor para este proyecto, pensado para acompañarte y ayudarte a disfrutar más de esos momentos con los tuyos.

La creación de este libro ha supuesto una verdadera explosión de agujetas maternales en mi propio núcleo familiar. He pensado, escrito, diseñado y corregido su contenido desde lugares tan variopintos como la cama (mientras dormía a mis hijos), el hospital (mientras acompañaba a mi padre ingresado), cafeterías (a las que tenía que escapar para poder trabajar tranquila sin un continuo «¡mamiiiiiiii!» de fondo), y desde mi estudio (con el portátil encendido a altas horas de la madrugada las jornadas que los peques enfermos no me habían dejado ni un minuto para trabajar en el libro durante el día). Ha sido un esfuerzo agotador, pero también la prueba del compromiso y amor con el que las madres sostenemos a nuestras familias incluso en los momentos más difíciles.

Las agujetas maternales nos hacen fuertes, aunque esa fortaleza no debería ser una exigencia constante ni una carga asumida en silencio. Este libro no busca añadir a tu lista de tareas su lectura; al contrario, quiere ser un respiro, una invitación a disfrutar de lo mejor que la maternidad puede ofrecer: tiempo compartido, conexión y creatividad en familia. Porque si hay algo que las madres sabemos, es que con creatividad podemos transformar lo ordinario en extraordinario. La creatividad es el verdadero superpoder de las familias: la herramienta que nos ayuda a conectar, disfrutar y hacer que cada momento juntos cuente. Y estas páginas están aquí para ayudarte a aprovechar al máximo ese poder.

CREATIVIDAD: EL SUPERPODER FAMILIAR

Hoy en día, las familias nos enfrentamos a un estándar de crianza que muchas veces resulta abrumador. Queremos dar a nuestros hijos la mejor educación, que desarrollen todo su potencial, que hablen idiomas, que coman de forma saludable, que hagan deporte, que tengan una vida emocional equilibrada. Queremos también romper con patrones educativos del pasado y ofrecerles una crianza más consciente y respetuosa. Y todo esto, frecuentemente, mientras ambos progenitores trabajamos fuera de casa. Esta forma de entender la crianza se convierte en una misión muy complicada, en la que hay que establecer objetivos alcanzables en todos los frentes. Desarrollar la creatividad a través del tiempo en familia puede ayudarnos a conseguir algunos de estos propósitos.

Uno de los puntos que quiero resaltar es que la creatividad no es solo pintar o hacer manualidades. La creatividad se refiere a encontrar soluciones nuevas para problemas conocidos, y esto es aplicable a cualquier aspecto de la vida. No se trata únicamente de que aprendan a dibujar o a inventar historias; se trata de que sepan enfrentarse al mundo con ingenio, flexibilidad y capacidad de adaptación.

Sé de lo que hablo. Llevo más de 14 años trabajando como profesora de Educación Plástica y Dibujo Técnico con niños y adolescentes de entre 6 y 18 años. Durante este tiempo, he visto cómo la creatividad, cuando se potencia desde la infancia, contribuye a que los niños adquieran habilidades de pensamiento crítico, aprendan a expresarse a través de distintos lenguajes y desarrollen la capacidad de adaptarse a contextos cambiantes. He observado que aquellos alumnos que aplican un pensamiento creativo, ya sea en el colegio o en casa, tienden

a mostrar mayor seguridad a la hora de resolver problemas, no se frustran tan fácilmente ante las dificultades y, en definitiva, encaran la vida con una mente más abierta y preparada para lo inesperado. Por eso considero fundamental fomentar el pensamiento divergente en los alumnos, ayudándoles a ir más allá del libro de texto y de las verdades incontestables. Es esencial promover proyectos de investigación y de creación abiertos, que les permitan desarrollar su pensamiento crítico y su capacidad para cuestionar, analizar y encontrar soluciones creativas. Al mismo tiempo, reforzar esta experiencia en el ámbito familiar resulta clave para potenciar su criterio propio y su habilidad para pensar de manera innovadora. La combinación de ambos entornos, la escuela y la familia, es un recurso invaluable para el desarrollo de nuestros hijos.

La luz de la creatividad y el cerebro humano

Los seres humanos somos inherentemente creativos, al menos hasta los 5 años de edad. El doctor Mario Alonso Puig define la creatividad como una «luz» que se va ocultando a medida que cumplimos años. No es que se apague, sino que la vamos tapando con capas de condicionamiento social y educativo. Hay estudios realizados en Gran Bretaña, Italia y Estados Unidos que arrojaron datos estremecedores: en un test de creatividad aplicado a niños de 5 años, el 98% mostraba un nivel de creatividad muy alto; a los 10 años, solo el 30% mantenía estándares similares, y a los 15, menos del 2% seguía considerándose altamente creativo. Una parte importante de este declive se vincula directamente con el sistema educativo.[1]

Cuando nacemos, el cerebro humano posee una enorme flexibilidad y una red de conexiones neuronales complejas que no se limitan estrictamente a un hemisferio u otro. A menudo se asocia el hemisferio izquierdo con la lógica, el lenguaje, las matemáticas y la estructura, y el derecho con la imaginación, la intuición y las posibilidades. Aunque esta división es más bien una simplificación, sí existe la tendencia a que el sistema educativo, con sus asignaturas y metodologías tradicionales, favorezca las

---

1 Estos datos provienen del estudio de George Land y Beth Jarman, publicado en *Breakpoint and Beyond: Mastering the Future Today* (HarperBusiness, 1992). La difusión de estas conclusiones a nivel internacional se ha visto reforzada por autores como Sir Ken Robinson en su famosa charla TED (2006) «Do Schools Kill Creativity?» y en su libro *El Elemento* (2009).

habilidades más relacionadas con el pensamiento lógico y analítico. Así, las matemáticas, la lengua o las ciencias suelen tener prioridad, mientras que disciplinas como la música, el arte, la expresión corporal o el diseño quedan en un segundo plano. Además, la enseñanza basada en la memorización y las fórmulas fijas ofrece poco espacio para la exploración, la experimentación y el pensamiento divergente.

Al no estimular de forma equilibrada las distintas capacidades del niño, incluidas las más creativas, dejamos de aprovechar la enorme plasticidad cerebral que tenemos. La buena noticia es que esta situación no es irreversible: a cualquier edad podemos reactivar y potenciar la creatividad con ejercicios y propuestas que fomenten la curiosidad, el juego, la improvisación y la búsqueda de soluciones originales. Este libro pretende ser esa guía para tus peques y, por qué no, también para ti, ayudándoos a redescubrir y nutrir vuestra capacidad innata de imaginar, crear y transformar el entorno que os rodea.

Ayudando a tus peques a encontrar su elemento

En su famosa charla TED «¿Las escuelas matan la creatividad?» (2006), Sir Ken Robinson habló precisamente de este problema, cuestionando un sistema educativo que no fomenta las habilidades innatas de los niños y que tiende a aplanar la diversidad del talento infantil. Si no la has visto, te la recomiendo encarecidamente. Es una charla muy amena y plantea de forma brillante el problema del que estamos tratando aquí.

Otro concepto por el que Robinson fue mundialmente conocido es lo que él llamaba «el elemento» y que explicó extensamente en su obra del mismo nombre. Robinson define este concepto como el punto en que se unen las aptitudes naturales de una persona con aquello que realmente le apasiona. Cuando alguien encuentra su elemento, se siente realizado, motivado y con un propósito claro.

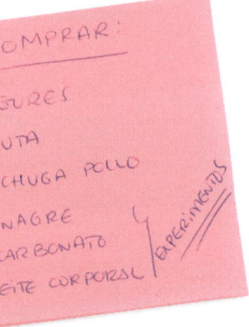

Trabajar la creatividad en casa puede estimular las capacidades creativas de tus hijos y ayudarlos a descubrir aquello que más les entusiasma, ya sea el arte, la ciencia, la literatura o la naturaleza. Aquí es donde las teorías de las inteligencias múltiples de Howard Gardner cobran sentido: no todos aprendemos ni destacamos en las mismas áreas, y esa diversidad de gustos, intereses y talentos es algo que merece la pena celebrar y potenciar.

Pasar tiempo de calidad con nuestros hijos nos permite conocerlos mejor, comprender sus formas de aprender, identificar lo que les apasiona y en lo que son realmente buenos. A veces, lo que les hace vibrar puede parecer extraño o poco práctico a los ojos del mundo pero, si lo fomentamos, podemos ayudarlos a desarrollar un talento único que les permita construir una vida plena. Quiero compartir contigo un par de ejemplos de personas que lograron dedicarse a lo que realmente les apasionaba, incluso cuando casi nadie creía en ellos. Historias que nos recuerdan por qué es tan importante acompañar a nuestros hijos en este viaje.

Si te hablo de Dav Pilkey, no sé si te sonará. Pero muy probablemente hayas oído más de una vez el nombre de los afamados protagonistas de sus cómics: Policán y Capitán Calzoncillos. Pilkey fue diagnosticado con TDAH y dislexia cuando estaba en el colegio. Sus profesores lo consideraban un niño problemático y lo mandaban con frecuencia al pasillo como castigo. Dav comenzó a dibujar y a inventar historias mientras estaba sentado fuera de clase. Ahí nació su pasión por crear personajes divertidos y excéntricos que, años después, se convertirían en los héroes favoritos de millones de niños en todo el mundo. Aunque muchos no creían en él, Dav nunca dejó de dibujar ni de imaginar, y gracias al apoyo de su familia, logró transformar lo que parecía una debilidad en su mayor fortaleza. Hoy, sus libros no solo entretienen, sino que inspiran a niños que enfrentan desafíos similares a creer en su potencial.

También la gimnasta Simone Biles es un ejemplo inspirador de cómo el entorno adecuado puede transformar un talento en futuro. Simone afrontó grandes desafíos desde pequeña, incluida una infancia difícil que la llevó a que fuera adoptada por sus abuelos. Sin embargo, encontró en su familia el apoyo incondicional para desarrollar su talento en la gimnasia deportiva. Desde acompañarla a entrenamientos hasta crear un ambiente donde pudiera superar sus inseguridades, ese respaldo fue clave para que Simone explotara su potencial. Su perseverancia y ese entorno de confianza la llevaron a convertirse en la gimnasta más premiada de la historia, desafiando barreras físicas y mentales. Su historia nos recuerda que, con el estímulo adecuado, es posible superar barreras y alcanzar lo extraordinario.

En este libro encontrarás muchas propuestas para explorar el potencial único de tus hijos. No pretende ser una fórmula mágica para el éxito ni convertir a tus hijos en fenómenos como Pilkey o Biles, pero sí ilustrar la importancia de tu apoyo en su camino. Con tu acompañamiento, podrán descubrir aquello que realmente les motiva y empezar a conectar sus talentos con sus pasiones.

ABRAZA LA IMPERFECCIÓN

Antes de adentrarnos en los consejos prácticos y las actividades, quiero compartir contigo un último pensamiento sobre la creatividad. En cualquier proceso creativo, las expectativas pueden ser nuestro mayor obstáculo. Como adultos, a menudo buscamos un resultado perfecto o nos preocupamos por que lo que hacemos «quede bien». Pero, cuando se trata de niños, lo importante no es el producto final, sino el camino que recorren para llegar hasta él.

Imagina que vais a pintar un paisaje juntos. Tú tienes en mente un cielo azul, un sol amarillo y un campo verde, pero tu peque decide que el cielo será rojo y las flores tendrán caras sonrientes. En lugar de corregirlo o guiarlo hacia tu idea inicial, puedes decirle: «¡Qué color tan especial! ¿Cómo se te ha ocurrido escogerlo?» y explorar juntos su visión. Este momento no solo es una ventana a su imaginación, sino también una oportunidad para enseñarle que el arte, como la creatividad misma, no siempre sigue las reglas de la realidad. Piensa en los pintores fauvistas, esos artistas que rompieron con los estereotipos del color para expresar emociones a través de tonos vibrantes e inesperados. Algunos de sus cuadros tienen cielos verdes y ríos de colores imposibles, y eso es precisamente lo que los hace tan únicos. A mis alumnos de secundaria siempre les fascinaba esta forma de entender el color.

Este libro está lleno de propuestas, pero son solo un punto de partida. Escucha por dónde quieren ir tus peques, permite que improvisen, que prueben y que cometan errores. Porque, al final, son ellos quienes tienen que sacar el máximo partido de estas experiencias. Cuando comencéis una actividad, no pienses en cómo debería quedar; piensa en cómo podéis disfrutar del proceso juntos.

SAZONA TU RUTINA CON CREATIVIDAD

Además de las actividades que te propongo en el libro, aquí te sugiero algunas ideas sencillas y accesibles para trabajar la creatividad dentro de vuestra rutina, sin necesidad de preparar ningún material:

1 Haz preguntas abiertas y originales. Dedica algunos minutos a plantear cuestiones sin respuesta única, del tipo: *¿qué pasaría si las nubes fueran comestibles?* o *¿preferirías ser amigo de un fantasma o de un extraterrestre?* Estas preguntas invitan a pensar de forma más flexible y divertida, y además te permitirán conocer mejor a tus hijos.

2 Cuenta con ellos para problemas cotidianos. Involucra a tus hijos en la toma de decisiones cotidianas. Por ejemplo: *¿por qué camino vamos al parque?* o *¿se os ocurre una forma mejor de ordenar el armario?* Estas decisiones, aunque pequeñas, les dan espacio para expresar sus ideas y ver cómo influyen en la dinámica familiar, fomentando la creatividad práctica.

3 Observad el mundo juntos, con una nueva mirada. Sal a dar un paseo y proponles que encuentren algo extraordinario en el paisaje de siempre: formas curiosas en las nubes, patrones en las hojas de los árboles o detalles en las sombras de los coches. Este ejercicio de observación estimula su capacidad para descubrir belleza en lo cotidiano y desarrolla su imaginación.

4 Crea rutinas para ejercitar el pensamiento lateral. Propón retos sencillos como encontrarle usos alternativos a un objeto común (un vaso o una caja de cartón) o imaginar un final distinto para una anécdota familiar, un cuento o una película.

5 Dedica momentos a inventar historias juntos. No se trata de escribir un libro. Basta con improvisar una historia corta mientras cenáis o describir cómo sería el primer viaje a Marte en familia. La idea es cambiar el chip de lo cotidiano y abrir un espacio a la imaginación compartida.

ARSENAL CREATIVO BÁSICO

· ·

Para tener un hogar creativo no hace falta abrir una tienda de manualidades en casa, pero sí contar con algunos materiales clave que nos permitan experimentar y divertirnos en familia. Este arsenal creativo básico es perfecto para comenzar o para ampliar tus recursos. No se trata de tenerlo todo de golpe, sino de ir recopilando lo necesario poco a poco, integrando incluso materiales reciclados que ya tengamos en casa. Este manual está pensado para ser flexible y en muchas actividades te propongo varias opciones de materiales con los que puedes realizarlas.

Aquí te presento los materiales agrupados según su uso y resalto un material estrella que me parece especialmente versátil y, en algunos casos, es menos habitual tener en casa:

1 Para dar soporte a tus ideas

Los soportes son el punto de partida de cualquier obra. Aquí te propongo materiales versátiles y fáciles de encontrar que te ayudarán a dar forma y vida a los proyectos.

Materiales: cartulinas, hueveras, papel de cocina, cartón reciclado, papel de seda, papel de aluminio, discos desmaquillantes, fundas de plástico, platos de cartón y cajas de zapatos.

Material estrella: cartón (por su versatilidad).

2 Para dar color

El color es clave en las actividades creativas: permite a los niños explorar, mezclar y dar vida a sus ideas en distintas superficies y con distintas técnicas.

Materiales: témpera sólida, témpera líquida, acuarelas, rotuladores (normales, permanentes, de tiza y acrílicos) colorantes alimentarios, cuentagotas, esponjas y pinceles.

Material estrella: témpera sólida (por su limpieza y facilidad de uso) y rotuladores acrílicos (porque permiten pintar sobre cualquier superficie).

3 Para cortar y pegar

Contar con herramientas para fijar, proteger y unir materiales es fundamental para muchos de los proyectos descritos en estas páginas.

Materiales: tijeras, forro autoadhesivo o plastificadora, pegamento de barra, cola blanca y pistola de pegamento termofusible.

Material estrella: pistola de pegamento termofusible (porque da una fijación más duradera, aunque debe ser manejada por un adulto dada la alta temperatura que puede alcanzar), y el forro autoadhesivo (por su capacidad para proteger y hacer que las superficies sean reutilizables).

4 Para decorar

Los pequeños detalles marcan la diferencia en cualquier proyecto. Estos materiales aportan color, textura y diversión, y permiten a los niños explorar su creatividad y personalizar sus creaciones.

Materiales: palitos bajalenguas, limpiapipas, ojitos saltones, goma EVA y pompones.

Material estrella: ojitos saltones (por su capacidad para dar vida a cualquier creación) y pompones (por su versatilidad y atractivo visual).

5 Para experimentar

Los experimentos combinan ciencia, arte y diversión. Estos materiales permiten realizar actividades que despiertan la curiosidad de los niños.

Materiales: colorantes alimentarios, bicarbonato de sodio, vinagre, aceite vegetal, pulverizador y globos.

Material estrella: bicarbonato de sodio y vinagre (ya que juntos crean reacciones fascinantes que siempre asombran a los niños).

6 Para reciclar

Trabajar con materiales reciclados enseña a los niños el valor de reutilizar y de cuidar el medio ambiente. Estos elementos cotidianos ofrecen posibilidades infinitas y nos animan a buscar una segunda vida a los objetos.

Materiales: cartón, tapones de plástico, frascos de vidrio, hueveras de cartón, botellas de plástico, vasos de yogur y platos desechables.

Material estrella: cartón y hueveras (ya que sirven como soporte para proyectos creativos y también pueden utilizarse como tapetes o recipientes desechables, con lo que facilitan la limpieza).

ORDEN EXPRÉS PARA DISFRUTAR SIN ESTRÉS

Antes de lanzarse a una actividad creativa, especialmente si implica pintura, pegamento o materiales que puedan ensuciar, es fundamental preparar bien el espacio. Elegir un lugar adecuado y tomar algunas precauciones puede ahorrarnos más de un susto. Más vale tomarnos esos minutos de preparativos que descubrir una mancha de témpera en la alfombra persa del salón, ¿verdad? Con unos simples pasos, podemos disfrutar del proceso creativo sin preocuparnos por el pequeño caos que a veces acompaña a la creatividad.

1 **Protege la superficie de trabajo.** Coloca un cartón grande, un mantel de plástico o papeles de periódico bajo el área donde vais a trabajar. Esto evitará manchas o cercos en la mesa y facilitará la limpieza.

2 **Crea un tarro antiderrames para pinceles.** Corta un globo tanto por la boquilla como por el extremo opuesto. Ajústalo por el lado ancho sobre la abertura de un tarro de cristal con un poco de agua. La parte de la boquilla debería quedar en el centro. Métela dentro del vaso con el dedo. Ahora, si el tarro se cae, el agua no se derramará, siempre que el vaso no esté muy lleno.

3 **Viste al peque para la ocasión.** Utiliza ropa adecuada, como un *baby* o una camiseta vieja. Así, puedes despreocuparte de las manchas y dejar que disfrute sin restricciones.

4 **Ten una estación de limpieza a mano.** Prepara un trapo húmedo y toallitas para manejar pequeños accidentes. Una esponja vieja viene muy bien para que puedan limpiar y secar los pinceles sin necesidad de cambiar constantemente el agua con la que están pintando. Este truco puede salvarte de carreras al baño a media actividad.

5 **Asigna un espacio para los trabajos húmedos.** Dedica una bandeja o superficie exclusiva para dejar secar los proyectos húmedos. Así evitarás que acaben por accidente estampados en el suelo antes de tiempo.

CÓMO UTILIZAR ESTE LIBRO

Tienes entre tus manos una herramienta práctica y adaptable, con actividades pensadas para diferentes edades, intereses y momentos del año. Cada actividad tiene una sección de «Tips e ideas» donde encontrarás variaciones y adaptaciones temáticas para ajustarla a tu familia.

1 Secciones temáticas y sus colores

Crear	Manualidades sencillas para fomentar la imaginación y las habilidades artísticas
Descubrir	Experimentos y curiosidades científicas que despertarán la mente inquieta de los peques
Inventar	Juguetes DIY y proyectos originales que desafían el ingenio, con los que podrán jugar después
Jugar	Juegos prácticos y entretenidos para entretener a los peques y divertiros juntos
Disfrutar	Actividades pensadas para conectar con la naturaleza y explorar el mundo que nos rodea

2 **Supervisión y seguridad.** Es fundamental que todas las actividades se realicen bajo la supervisión de un adulto, especialmente cuando los niños son menores de 6 años o si la actividad incluye elementos como tijeras, objetos pequeños o fuego. La seguridad siempre debe ser la prioridad.

3 Pictogramas de las actividades

Manchómetro

 Limpia: actividad que no mancha y no requiere protección de superficies ni ropa especial.

 Manejable: actividad con materiales que pueden mojar o ensuciar un poco, pero se limpian fácilmente sin dejar manchas.

 «Manchona»: actividad con materiales que requieren medidas previas: delantal, protección en la mesa y toallitas cerca.

Preparación

 Ultrarrápida: actividad que requiere unos 5 minutos de preparación previa por parte del adulto.

 Rapidísima: actividad que requiere unos 10 minutos de preparación previa por parte del adulto.

 Rápida: actividad que requiere unos 15 minutos de preparación previa por parte del adulto.

Edad recomendada

 Para los más peques: actividad especialmente diseñada para niños de 2-3 años.

 Para los medianillos: actividad que pueden realizar y disfrutar peques a partir de 4-5 años.

 Para todas las edades: actividad que puede ser realizada y disfrutada por niños de todas las edades.

Tiempo de juego

 Corto pero entretenido: juego sencillo con partidas que duran alrededor de 10 minutos.

 Un rato entretenido: juego sencillo con partidas un poco más largas, que duran alrededor de 15 minutos.

 ¡Maratón de diversión!: juego más largo con partidas que duran alrededor de 20 minutos.

Jugadores

 Ideal para dos: juego diseñado para que 2 jugadores se lo pasen bien.

 Cuantos más, mejor: juegos diseñados para 2 o más jugadores.

Otros iconos

 Necesita secado: actividad que requiere un tiempo para secado o congelación para su realización.

 Descargable: actividad con un material descargable complementario disponible a través de un código QR.

 Precaución: experimento en el que se requiere especial supervisión adulta y asistencia con el uso de un mechero.

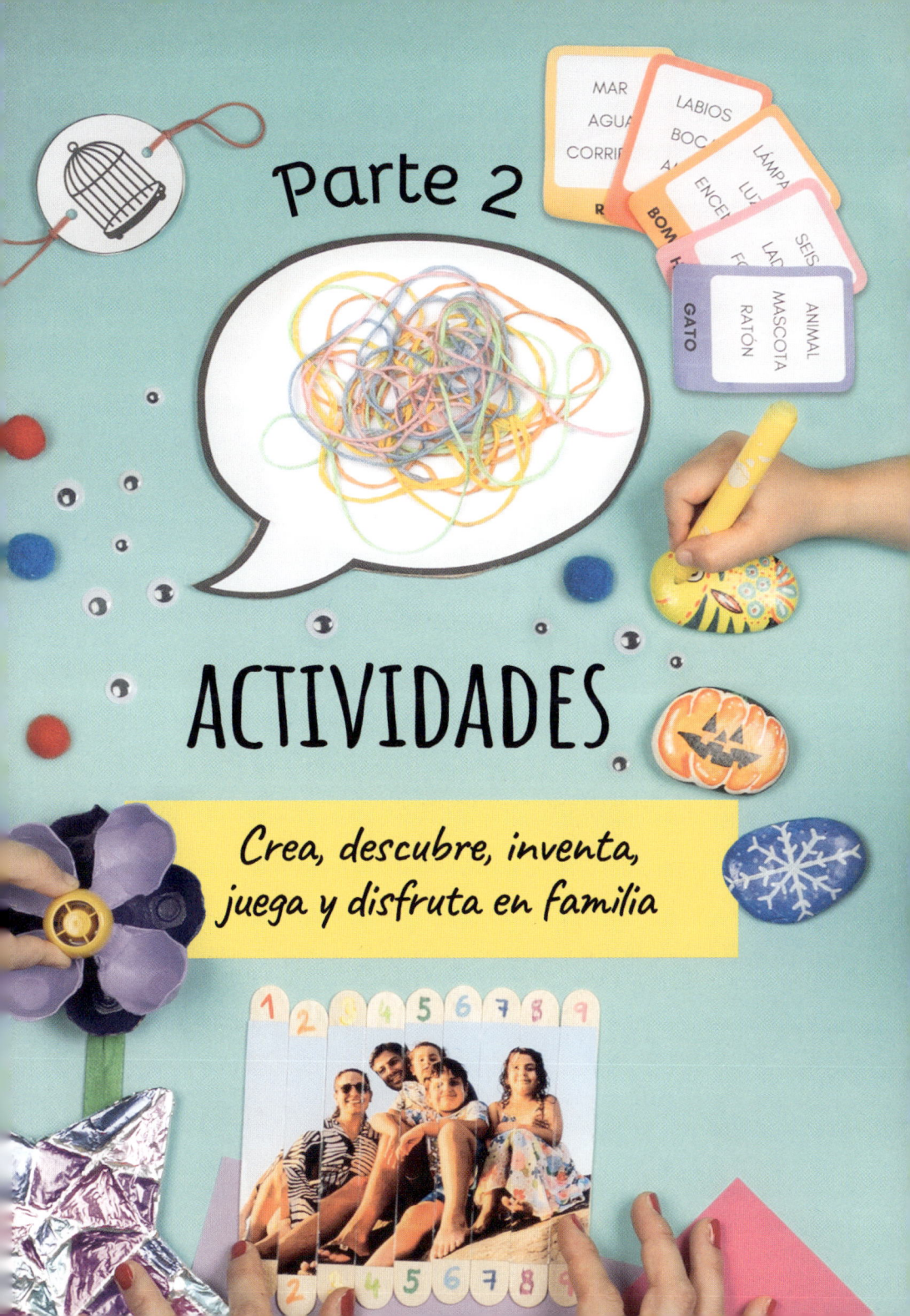

Parte 2

ACTIVIDADES

Crea, descubre, inventa,
juega y disfruta en familia

Agujetas de... CREAR

CAPÍTULO 1

AGUJETAS DE CREAR

Manualidades bonitas y sencillas para días inspirados... o no tanto

En lo que respecta a las manualidades infantiles, no hay término medio: o las amas o las detestas. Aunque yo pertenezco al primer grupo, entiendo perfectamente la pereza que puede dar ponerse a pintar hueveras o hacer plastilina cuando el salón está recién ordenado o te acabas de preparar un café. Pero, precisamente porque entiendo lo que implica buscar el material, preparar la actividad y, lo peor de todo, limpiar, he creado estas trece manualidades sencillas y creativas para disfrutar en familia. Entre ellas, seguro que encontrarás alguna que te apetezca hacer, incluso en esos días en los que no te sientes especialmente artística.

Además, he intentado que cada actividad sea adaptable a diferentes épocas del año, de forma que podamos integrar en la vida de nuestros peques el mundo que les rodea y los cambios que suceden a su alrededor. Al ofrecer ideas versátiles, puedes repetir las actividades varias veces, ajustándolas a la estación o festividad que estéis viviendo, y así reaprovechar tanto los materiales como los conocimientos que vais adquiriendo.

La creatividad no se limita solo a las manualidades o al arte, pero la oportunidad de expresarse a través de lo plástico es una faceta maravillosa que podemos explorar con nuestros peques. Después de todo, un gran porcentaje de las decisiones que tomamos en nuestro día a día están basadas en la estética, ya sea en cómo decoramos nuestro espacio o en la ropa que elegimos. ¿Por qué no educar esa sensibilidad visual desde pequeños? Con estas actividades desarrollamos creatividad mientras fomentamos la capacidad de apreciar el mundo que nos rodea de una forma más rica y significativa.

MUNDOS DE ALGODÓN

Esta propuesta es fantástica por su sencillez y la facilidad con la que puedes adaptarla a cualquier temática o enfocarla como creación libre. Y lo mejor: ¡a los peques a partir de 4 años les encanta! Los discos de algodón pueden convertirse en planetas, caracoles, flores, peces o incluso en la barba de Papá Noel. Puedes pegarlos por separado o agrupados, o dejar que tu peque los pegue donde quiera. Quizás te apetezca dibujar algo alrededor de los discos con un rotulador como parte de una temática o dejar que sea tu pequeño artista quien deje volar su imaginación.

¿Preparados para sumergiros en estos mundos de algodón?

Necesitas:
* Discos de algodón
* Cartulinas
* Pegamento
* Tarros
* Agua
* Colorantes alimentarios
* Cuentagotas
* Rotuladores

AGUJETAS MATERNALES

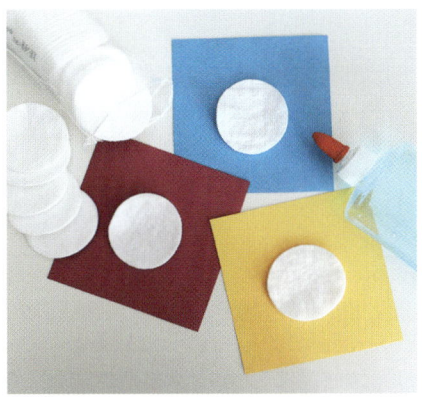

Paso a paso

1 Pega los discos de algodón en las cartulinas usando pegamento escolar líquido o de barra. Si os apetece, tu peque puede ayudarte. Puedes pegar varios en la misma cartulina o ponerlos por separado en trozos de cartulina pequeños.

2 Echa agua y colorantes de distintos tonos en tarros con cuentagotas. Propón a tu peque que empiece a crear con ellos sobre los discos. Es divertido añadir detalles con rotuladores una vez el algodón se seca, imaginando en qué pueden convertirse esos coloridos discos.

Tips e ideas

» Si tu peque se emociona y vierte **demasiada agua** con el cuentagotas, siempre puedes poner un trozo de **papel de cocina** encima del disco y presionar para que absorba el exceso.

» Si no tienes colorante y cuentagotas puedes sustituirlos por **acuarelas y pinceles.**

2
DIBUJOS QUE COBRAN VIDA

Te sorprenderá cómo unos materiales tan sencillos pueden generar una experiencia tan divertida y única. Esta actividad requiere un poco más de preparación que otras por parte del adulto, ¡pero vale la pena! Si la realizas con un niño de a partir de 5 años, también puedes involucrarlo en la preparación de los dibujos. Y no te preocupes si dibujar no es tu fuerte, ¡cualquier imagen, por simple que sea, es perfecta para esta manualidad!

La propuesta se basa en que el dibujo y el color se encuentran en capas distintas del papel, y al sumergir el pliego preparado en el agua, parece que el dibujo se colorea como por arte de magia. Solo queda disfrutar de sus caritas de asombro. ¡Una vez que lo prueben, el único problema será que no querrán parar!

Necesitas:

* Papel de cocina
* Rotu negro permanente
* Rotuladores de colores
* Fuente o bandeja
* Agua

AGUJETAS MATERNALES

1 Dobla una porción de papel de cocina por la mitad. Haz un dibujo sencillo en la parte superior (en la «portada») con el rotulador negro. Es importante que sea permanente, para que luego no se diluya en el agua con el resto de colores y ensucie el resultado.

2 Abre el pliego y colorea el dibujo de la mitad derecha con rotuladores normales (pues el dibujo se habrá traspasado ligeramente de la portada al interior del papel). ¡Ya tienes el pliego listo! Solo queda dárselo doblado a tu peque para que lo meta en la bandeja con agua y disfrute viendo cómo los dibujos cobran vida.

Tips e ideas

» Ten una **bandeja extra al lado** mientras realizáis la actividad para ir depositando en ella los dibujos mojados según los sacáis del agua.

» Si tu peque está aprendiendo a leer o ya sabe, puedes **escribir una palabra** dentro del pliego con rotulador negro permanente que aparezca cuando el dibujo se moje.

3
DE PAPEL A MARIPOSA

La creatividad tiene el poder de transformar materiales cotidianos en objetos extraordinarios. Un ejemplo de ello son estas hermosas mariposas hechas con papel de cocina, rotuladores y pinzas de ropa.

Con esta actividad, los niños aprenderán la técnica del *tie-dye*, mediante la que se obtienen patrones únicos al arrugar y atar el papel antes de teñirlo. Luego podrán convertir esos coloridos paños en las alas de simpáticas mariposas que podrán usar como decoración, para jugar o incluso como accesorios. Si el pequeño tiene menos de 5 años, es posible que necesite ayuda para poner y quitar las gomas del papel.

Necesitas:

* Papel de cocina
* Gomas elásticas
* Rotuladores de colores
* Pulverizador con agua
* Pinzas de la ropa
* Limpiapipas (opcional)
* Ojitos de manualidades (opcional)

1 Pellizca el centro del papel de cocina, ve girándolo mientras formas un «churrito». Coloca dos o tres gomas elásticas alrededor, y deja que tu peque lo coloree con rotuladores mezclando los colores a su gusto; cuando termine, rociad el papel enrollado con agua utilizando el pulverizador.

2 Retira las gomas con cuidado y deja que el papel se seque. Puede tardar un par de horas en secarse. Observarás cómo la tinta del rotulador se ha extendido con el agua a través de las fibras del papel, creando hermosas texturas.

3 Recorta el papel dándole forma de alas de mariposa y coloca la pinza en el centro para formar el cuerpo. Puedes decorarla usando ojos móviles de manualidades, limpiapipas para las antenas o dibujarle la cara con rotuladores.

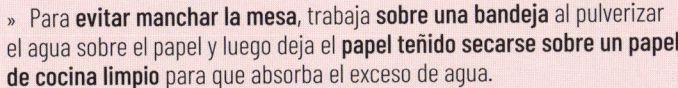

Tips e ideas

» Para **evitar manchar la mesa**, trabaja **sobre una bandeja** al pulverizar el agua sobre el papel y luego deja el **papel teñido secarse sobre un papel de cocina limpio** para que absorba el exceso de agua.

» Puedes usar estas mariposas **para decorar una preciosa corona de primavera** como las que te enseño en la actividad 9 de esta sección.

 4

ARTE SORPRESA

Como en la imagen, cuando se levanta la cinta después de hacer esta actividad y se revela el resultado final, solo cabe decir: ¡Wow! Es una propuesta muy adecuada para peques de cualquier edad, ya que les permite total libertad plástica para expresarse como quieran a través de la materia y el color, y hagan lo que hagan, el resultado siempre es... ¡Wow!

Esta manualidad es perfecta cuando están aprendiendo a escribir su nombre o las letras en general, para que se familiaricen con los trazos de una manera creativa y diferente. También podéis utilizar dibujos sencillos, aunque habrá que simplificarlos utilizando pequeños trozos de cinta. Los peques a partir de 4 años podrán ayudarte a preparar la reserva. Esta técnica es un recurso pictórico genial al que podrán dar cientos de usos en sus creaciones utilizando todo tipo de materiales.

Necesitas:

* Cartulina o lienzo
* Cinta de carrocero
* Tijeras
* Témpera sólida
* Pinceles (si usas otra pintura)

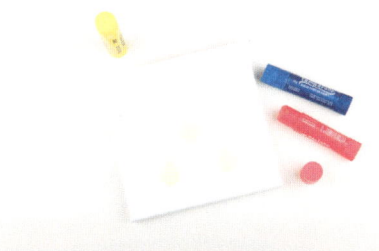

1 Sobre una cartulina o lienzo, coloca cinta de carrocero formando un nombre, una inicial o una figura sencilla. Luego, permite que tu peque pinte todo el fondo con colores llamativos usando témperas sólidas o pintura.

2 Una vez que el fondo esté pintado, retira la cinta de carrocero. No es necesario esperar a que se seque. El resultado será un efecto sorprendente, con la figura, la inicial o el nombre resaltando en blanco sobre el fondo colorido.

Tips e ideas

» Si quieres que tu bebé, incluso desde 1 año, pueda **disfrutar** de esta actividad **sin ensuciarse**, prueba esta técnica: coloca el cartón o lienzo con la cinta y la pintura **dentro de una bolsa hermética**. Ciérrala bien y deja que tu peque **extienda la pintura con sus manitas**. Cuando termine, saca el soporte de la bolsa, retira la cinta y disfruta de su pequeña gran obra de arte.

DIBUJOS ESCONDIDOS

La capacidad de convertir cualquier momento de nuestra rutina en una experiencia asombrosa está en nuestras manos. Solo necesitamos la idea adecuada. Un buen ejemplo es transformar la clásica actividad de colorear, que los niños conocen desde muy pequeños, en algo nuevo y sorprendente.

Con esta propuesta, los peques se asombrarán al descubrir dibujos ocultos en el papel, mientras observan cómo los colores se mezclan al atravesar las fibras del papel húmedo. A partir de los 4 años, podrán tanto crear sus propios dibujos como revelarlos con los colores. Eso sí, les resultará más sencillo utilizar un rotulador acrílico blanco en lugar de pintura y pincel.

Necesitas:
* Papel de cocina
* Tarros
* Agua
* Colorantes alimentarios
* Cuentagotas
* Pintura o rotulador acrílico blanco
* Pincel

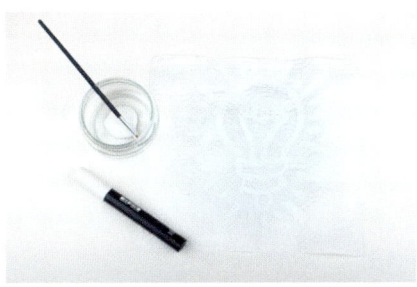

Paso a paso

1 Haz un dibujo en papel de cocina usando pintura o rotulador acrílico blanco y deja que se seque completamente. El acrílico es ideal porque crea una capa plástica que no se disuelve al mojarse.

2 Prepara recipientes con agua y colorante alimentario de distintos tonos. Dale al peque un cuentagotas para que deje caer gotas sobre el papel y descubra el dibujo oculto mientras los colores se esparcen.

Tips e ideas

» También puedes revelar la imagen usando **acuarelas y pincel.** Tanto con el pincel como con el cuentagotas, los peques practican la «pinza fina», fortaleciendo sus dedos y **mejorando la motricidad.**

» Es muy divertido **alternar los roles**: que tu peque haga dibujos para que tú los descubras, y viceversa. Incluso puedes escribir palabras o adivinanzas. Lo mejor de esta actividad es que **se adapta** fácilmente **a cualquier temática.**

6
DISEÑOS MAGNÉTICOS

El arte y la ciencia se unen en esta actividad, donde el verdadero disfrute está en el proceso. A los peques, expertos en vivir el presente, les gustan especialmente este tipo de propuestas. Es fascinante ver cómo un clip metálico se desplaza entre las capas de pintura, mezclando los colores como por arte de magia gracias a la fuerza magnética del imán que deslizamos por debajo del plato.

Esta experiencia tan visual es perfecta para que aprendan de manera divertida qué sucede al mezclar colores: ¡la obtención de un tercero! Así, con el azul y el amarillo se crea el verde. Además, ellos mismos pueden elegir los colores que quieren combinar y descubrir los resultados.

Necesitas:

* Platos de cartón
* Témpera líquida de colores
* Clip metálico
* Imán de nevera

Paso a paso

1 Vierte con tu peque un poco de pintura líquida de diferentes colores en un plato de cartón.

2 Coloca un clip metálico sobre la pintura y, usando un imán desde la parte inferior del plato, mueve el clip. A medida que se desplace, irá creando patrones únicos y coloridos en la pintura.

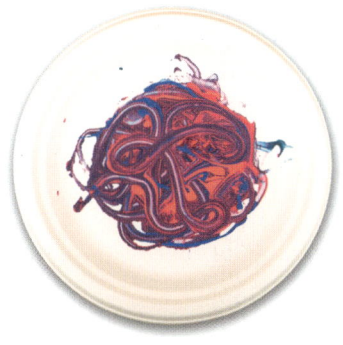

Tips e ideas

» Para esta actividad, asegúrate de que la **pintura** sea lo **suficientemente líquida** para que el clip se desplace fácilmente. Si usas témpera densa, mézclala con un poco de agua antes de ponerla en el plato.

» En caso de que uses **pintura acrílica**, ten en cuenta que, **una vez seca, esta pintura no se quita** de la ropa. Así que limpia cualquier mancha mientras esté húmeda.

» No hay una forma más divertida para que el peque descubra **qué ocurre al mezclar** dos o tres **colores**. Puedes preparar platos con los colores primarios para que observe los resultados, otro con blanco y negro, y luego pasar a combinaciones de tres tonos. Y, por supuesto, también **deja que experimente libremente y que disfrute**.

7
CREA Y RECREA

Con esta idea, ofrecerás horas infinitas de actividad creativa a tus peques, reutilizando al mismo tiempo un trozo de cartón que, de otra manera, acabaría en la basura. Te llevará poco tiempo prepararla, y podrán usarla innumerables veces para experimentar con diferentes técnicas y colores. Si alguna de las creaciones en el cartón les gusta tanto que les da pena borrarla, siempre podéis tomar una foto para conservar su obra. ¡Todo un ejemplo de arte efímero!

Esta propuesta es adaptable a cualquier época del año, ya que puedes ajustar el dibujo a la temática que más les interese en ese momento.

Necesitas:

* Trozo de cartón
* Rotulador negro
* Forro autoadhesivo transparente
* Témperas sólidas o rotuladores de tiza

1 Dibuja una imagen en un trozo de cartón usando un rotulador negro. Luego, fórralo con forro autoadhesivo para libros.

2 El cartón ya está listo para que el peque lo coloree con témperas sólidas o rotuladores de tiza. Una vez terminado, puede borrar el dibujo con un paño húmedo y volver a colorearlo cuantas veces quiera.

Tips e ideas

» Te recomiendo usar **témpera sólida o rotuladores de tiza** para esta actividad, ya que **facilitan la limpieza** y permiten que tu peque sea **autónomo** en todo el proceso, desde crear hasta limpiar.

» Elige **diseños divertidos de cambiar**, como un elfo en Navidad, un conejo de Pascua con un huevo en Semana Santa, un árbol para decorar según las estaciones o una calabaza en Halloween.

8
HUEVERAS EN FLOR

La creatividad nos permite transformar nuestra realidad. Este es un mensaje valioso que transmitimos a nuestros peques cuando hacemos actividades como esta juntos. De una simple huevera y unos tapones o palos que normalmente tiraríamos, vamos a crear flores llenas de alegría y color que darán vida a cualquier rincón de nuestro hogar.

Estas flores son perfectas para regalar a abuelos o profesores, como muestra de que los mejores obsequios son los que se hacen con dedicación y cariño.

Esta actividad puede requerir más ayuda del adulto, especialmente si usáis pegamento termofusible para montar las flores.

Necesitas:
* Huevera de cartón
* Tijeras
* Témperas de colores
* Pincel
* Tapones de yogures bebibles infantiles
* Palillo chino o palitos bajalenguas
* Pegamento termofusible

AGUJETAS MATERNALES

Paso a paso

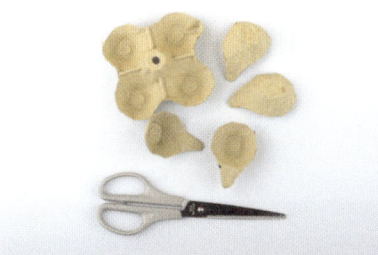

1 Corta los módulos de una huevera de cartón para formar los pétalos. Para cada flor necesitas un módulo de cuatro y otros cuatro individuales. Tal como se aprecia en la foto, los individuales hay que recortarlos con cuidado dándoles forma de pétalo.

2 Pinta con témpera o pintura acrílica los pétalos y deja que se sequen. Esta es la parte que más va a disfrutar tu peque. Podéis pintar todos los pétalos del mismo color o utilizar varios tonos. Pinta palitos bajalenguas o palillos chinos de verde para hacer los tallos.

3 Con pegamento termofusible o cola blanca, pega los pétalos para formar las flores poniendo el módulo de cuatro detrás y los cuatro pétalos sueltos encima. Añade un tapón de yogur bebible en el centro como pistilo (puedes sustituirlo por un pompón) y pega el tallo.

Paso a paso

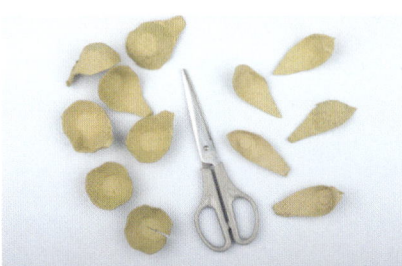

1 Para cada rosa necesitas cortar cinco módulos de la huevera con forma de pétalo y dos más sin alterar la forma que tiene el hueco para el cogollo central (uno de ellos con un corte como ves en la foto en la parte inferior izquierda de las tijeras). Recorta otros cinco módulos dándoles una forma más alargada para las hojas (en la imagen están a la derecha de las tijeras).

2 Pinta con tu peque los pétalos y hojas usando témpera o pintura acrílica y déjalos secar. No olvidéis el palillo chino para el tallo. Coge el módulo al que has practicado el corte y forma un rollito para simular el cogollo de la rosa.

3 Con pegamento, pega el cogollo dentro del otro módulo al que no has dado forma de pétalo. Luego pega los cinco pétalos alrededor de este cogollo central. Para terminar, pega tres hojas verdes alrededor de la rosa y dos más en el tallo.

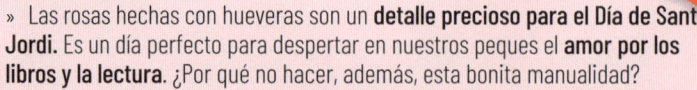

Tips e ideas

» Las rosas hechas con hueveras son un **detalle precioso para el Día de Sant Jordi.** Es un día perfecto para despertar en nuestros peques el **amor por los libros y la lectura.** ¿Por qué no hacer, además, esta bonita manualidad?

» Puedes experimentar y hacer **cortes en los pétalos** para crear **nuevas tipologías de flores.** También puedes hacer **flores más pequeñas** utilizando un único módulo de la huevera con un pompón dentro.

CORONAS AUTOADHESIVAS

La puerta de nuestra casa es la entrada a nuestro universo. Desde hace años, siempre damos la bienvenida a quien nos visita con una corona hecha a mano en la puerta de casa, adaptada a las estaciones, Navidad o Halloween. Me gusta que nuestro hogar cambie con nuestro entorno, para que los peques sean conscientes de los cambios que se producen a su alrededor.

Las coronas que te propongo son sencillas y preciosas, y los más pequeños pueden participar en su creación. Puedes decorarlas con elementos naturales, aprovechando un paseo para observar cómo cambian las hojas en otoño o las flores en primavera. También puedes usar los dibujos descargables del código QR al final de la actividad. Sea como sea, vuestra corona será la mejor bienvenida a la «república independiente» de vuestro hogar.

Necesitas:
* Trozo de cartón
* Tijeras
* Forro autoadhesivo
* Cartulinas de colores
* Rotuladores de colores
* Materiales variados para collage
* Trocito de cuerda
* Cola blanca

¡Escanea el QR para acceder a más recursos!

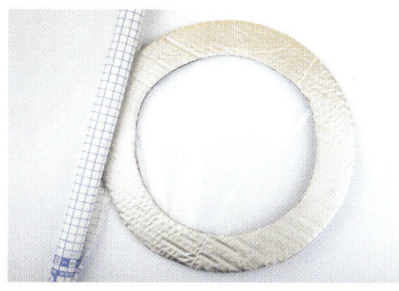

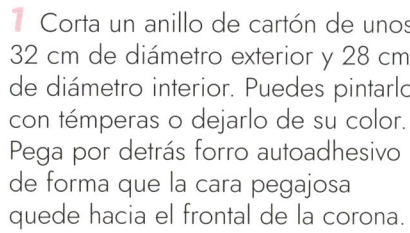

1 Corta un anillo de cartón de unos 32 cm de diámetro exterior y 28 cm de diámetro interior. Puedes pintarlo con témperas o dejarlo de su color. Pega por detrás forro autoadhesivo de forma que la cara pegajosa quede hacia el frontal de la corona.

2 La idea es que la parte pegajosa permita a los peques ir poniendo los elementos que más les gusten con facilidad para decorar la corona. Por eso, si quieres que tenga fondo de color, ponlo por detrás del forro, pegado directamente al cartón que hace de marco.

3 Por la parte de atrás añade un trozo de cuerda haciendo un ojal y pégalo en la corona con cola o pegamento termofusible para poder colgarla en la puerta de casa.

Tips e ideas

» Los **materiales** que puedes utilizar en esta actividad son **muy variados.** Desde pompones, ojitos de manualidades, limpiapipas, letras de madera, purpurina, bolitas de corcho blanco o botones hasta elementos naturales como trocitos de hojas de otoño, pétalos de flores, algodón, arena de la playa... Lo que se os ocurra seguro que tiene cabida en estas coronas.

» No olvides chequear los **materiales descargables del QR** de la página anterior para más ideas.

VELAS PERSONALIZADAS

Esta técnica para personalizar velas te va a dejar con la boca abierta. Es un procedimiento bastante sencillo y los resultados son increíbles. Para empezar, podéis encontrar algunos diseños bonitos y adaptados al tamaño de una vela de unos 4 o 5 centímetros de diámetro en el código QR de la actividad. Pero veréis que, al utilizar el papel de seda como medio para incrustar el dibujo en la cera, podréis calcar cualquier diseño que os guste. Y, por supuesto, podéis dejar volar vuestra imaginación y hacer vuestros dibujos preferidos. Cualquier tipo de rotulador sirve para colorear el papel de seda: de alcohol, permanentes, de tiza, acrílicos, o una mezcla de todos ellos.

Necesitas:

* Velas blancas
* Papel de seda blanco
* Rotuladores de colores
* Tijeras
* Papel vegetal de horno
* Secador de pelo
* Guante para el horno

AGUJETAS MATERNALES

58

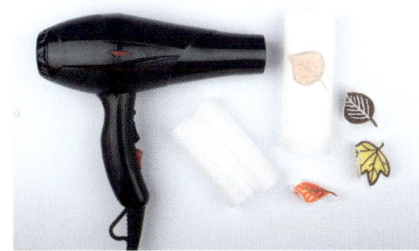

Paso a paso

1 Calca o dibuja lo que quieras con tu peque en el papel de seda utilizando los rotuladores. Tienes algunas opciones bonitas en el QR de esta página. Deja que el peque pruebe antes en un trocito de papel de seda para que se familiarice con su delicadeza. Corta cada dibujo del papel de seda dejando un pequeño margen blanco alrededor.

2 Coloca el dibujo sobre la vela. La cara dibujada del papel tiene que quedar hacia arriba. Pon un papel vegetal de horno encima del dibujo y aplica calor con el secador hasta que veas que el dibujo se oscurece (es la cera que se derrite y crea una fina capa sobre el papel de seda, fijándolo a la vela). No olvides ponerte un guante de horno para evitar quemarte.

Tips e ideas

» Esta técnica también **funciona con velas de cera coloreada,** siempre que **toda la vela esté hecha de cera de color** y no solo la capa exterior. Si la vela tiene solo una cobertura de color, al derretir la capa superficial con el secador, podrían aparecer zonas más claras o blanquecinas debido a la cera blanca que hay debajo.

¡Escanea el QR para acceder a más ideas!

11
BRILLANTE CREATIVIDAD

Cada vez que abro nuestras cajas de decoraciones temáticas (Pascua, Navidad, Halloween), me encuentro con manualidades como esta, hechas con materiales sencillos, cotidianos y económicos que, gracias a una buena idea y un toque de creatividad, se han transformado en piezas decorativas únicas y llenas de encanto.

Cada una de estas creaciones no solo guarda recuerdos de momentos compartidos en familia, sino también aprendizajes valiosos para los peques. Con esta actividad, ellos ejercitan su motricidad fina al colocar la lana y colorear con rotuladores, mientras desarrollan su creatividad al elegir formas y colores. Pero haciendo esto además les enseñamos la preciosa segunda vida que puede tener una caja de cartón si pasa por las manos adecuadas.

Necesitas:
* Trozo de cartón
* Tijeras
* Cuerda o lana
* Papel de aluminio
* Rotuladores permanentes

1 Corta una forma sencilla en un trozo de cartón y practica una serie de cortes poco profundos en el contorno. Mete el extremo de la lana en uno de los cortes y deja suelto un tramo por el reverso para atar al final. Crea una red de líneas rectas yendo de un corte a otro con el ovillo de lana.

2 Cuando termines, corta la lana y ata los dos extremos por el reverso del cartón. Cubre con papel de aluminio. Para que la textura de la lana se marque, frótalo con algo blando como el propio ovillo de la lana. Ya está listo para que tus peques lo decoren.

Tips e ideas

» Para **forrar las figuras fácilmente**, recorta en un trozo de papel de aluminio el **mismo contorno** de la figura, pero **más grande**. Haz **pequeños cortes** alrededor del borde del papel; esto facilitará envolver cualquier forma de manera más precisa.

» El **papel de aluminio** puede ser **delicado**, por lo que los peques deberán ajustar su **fuerza al colorear**. Aconséjales practicar un poco antes para que se familiaricen con la presión adecuada y así evitar que se frustren durante la actividad.

MAGIA EN TU VENTANA

¿Sabías que dentro de un simple frasco de cola blanca se esconde un mundo de posibilidades? Y no hablo solo de su poder adhesivo sino de su potencial como material de base para crear pegatinas para la ventana. Además de la cola, solo necesitarás un poco de paciencia y algunos rotuladores permanentes para darle vida a esta divertida actividad.

Como ves en los pictogramas, esta propuesta requiere de un tiempo de secado. Según la cola y la temperatura del momento del año en el que hagas la manualidad, esta puede tardar hasta un par de días en secarse. Es una de las pocas actividades de este libro que tendrás que preparar con uno o dos días de antelación y dividir en dos sesiones. Eso sí, te aseguro que merece la pena.

Necesitas:
* Dibujos para calcar
* Fundas de plástico
* Cola blanca para madera
* Rotuladores permanentes
* Pegamento de barra

Paso a paso

1 Imprime o dibuja en una hoja de papel los diseños de las pegatinas que quieras hacer con tu peque. Mete el papel en una funda de plástico transparente, y echa cola encima siguiendo la forma de la silueta de cada dibujo. Es fundamental usar cola para madera, ya que proporciona mayor consistencia y ayuda a mantener la forma de la pegatina durante el proceso de secado.

2 Cuando la cola se seque completamente (uno o dos días) será el momento de dibujar encima y colorear con los rotuladores permanentes. Verás que la cola deja todavía intuir los diseños del papel, facilitando el coloreado y los detalles. No olvides visitar el QR de esta página para ver los diseños que he recopilado para que sirvan como punto de partida.

Tips e ideas

» Dependiendo del tipo de cola que escojas, puede que las pegatinas al principio **no se adhieran bien a la ventana** y tengas que poner un **puntito de pegamento de barra** para que se queden pegadas.

» Una vez colocadas, **no dejes las pegatinas** en una **ventana expuesta al sol directo** por más de 1 o 2 meses, ya que el calor puede hacer que sean más difíciles de quitar.

¡Más ideas en este código!

CARAPALOS

Para cerrar este primer bloque de manualidades creativas, no podían faltar nuestros queridos «carapalos». Estos simpáticos personajes hechos con palitos bajalenguas encantan a los peques, ya que les permiten a estos crear infinidad de personajes.

Como el uso de la pistola de pegamento es más delicado, te recomiendo prepararles varias bases de palitos (como se explica en el «Paso a paso») y que ellos las pinten. Para pegar los trozos de cartulina o los materiales de collage, pueden usar cola y trabajar de manera autónoma y segura. Echa un vistazo a los divertidos ejemplos que he preparado para adaptar la actividad a cualquier época del año.

Necesitas:

* Palitos bajalenguas
* Pegamento termofusible
* Témperas de colores
* Pincel
* Ojos de manualidades
* Recortes de materiales como cartulinas, fieltro, goma EVA o limpia pipas

Paso a paso

1 Pega varios palitos bajalenguas juntos ayudándote de uno o dos palos que vayan en transversal. En los ejemplos yo he usado seis o siete palitos de los finos en paralelo y uno cruzado para cada personaje.

2 Ahora los peques pueden pintarlos y, cuando se sequen, empezar a pegarles todos los complementos con los materiales de collage que tengáis por casa, para dotar a cada uno de personalidad.

Tips e ideas

» Como ves en los ejemplos, la **disposición de los palitos** te permite crear **formas curvas** y distintos personajes. También puedes **combinar tamaños o cortarlos** para lograr nuevas siluetas.

» Además de ser unos **adornos divertidos**, estos personajes funcionan genial como **marionetas** para pequeñas obras de teatro. ¡Te sorprenderás con las historias que inventan con sus carapalos!

CAPÍTULO 2

AGUJETAS DE DESCUBRIR

Pequeños experimentos para grandes descubrimientos

Los niños llegan al mundo con una curiosidad innata, una llama vibrante que les impulsa a explorar y a preguntar sobre todo lo que les rodea. Sin embargo, a medida que crecen, los adultos tendemos a apagar poco a poco esa curiosidad con el ritmo frenético de nuestra vida. A veces sus preguntas nos pillan en medio de tareas urgentes o resultan tan complejas que no encontramos una respuesta fácil. Sin darnos cuenta, podemos caer en el hábito de esquivar esas preguntas o de redirigir su atención a otra cosa. Y así, llega un día en el que esa llama empieza a apagarse, y empiezan a vivir cuestionándose cada vez menos lo que ocurre a su alrededor.

Nosotros, como sus primeros guías y compañeros en este viaje vital, tenemos la maravillosa oportunidad de mantener viva la llama de su curiosidad y, aún mejor, de alimentarla. Estoy convencida de que es uno de los regalos más significativos que podemos ofrecerles. Aquí es donde los experimentos se convierten en aliados excepcionales: cada uno de ellos es una chispa que puede reavivar esa llama. Con materiales sencillos y al alcance de todos, esta sección de experimentos nos invita a asombrarnos junto a ellos y a descubrir aspectos sorprendentes de nuestra vida cotidiana.

Algunos experimentos implican trabajar con elementos calientes, como mecheros o agua hirviendo. En estas actividades, es imprescindible que un adulto supervise de cerca todo el proceso para garantizar la seguridad de los niños y disfrutar juntos de la experiencia sin riesgos.

Al final, estos experimentos no son solo para ellos, sino también para nosotros. Para recordarnos que aún tenemos una chispa curiosa dentro y que aún hay mucho por descubrir.

TORMENTA DE NIEVE EN UN TARRO

Este experimento es ideal para despertar la curiosidad de los más pequeños a través de la observación. ¡Lo mejor es que cualquier niño puede disfrutarlo, sin importar su edad! Con materiales simples, podrán ver cómo los líquidos se comportan de formas sorprendentes. Los peques a partir de 3 años podrán ayudar a preparar el experimento completo.

Para realizarlo, puedes usar cualquier pastilla efervescente, pero te recomiendo utilizar una de vitaminas para garantizar la seguridad de los peques en caso de que alguno tenga la curiosidad de probarla.

Para hacerlo aún más divertido, podéis decorar el tarro como un muñeco de nieve o un pingüino, usando rotuladores acrílicos y pegándole unos ojos de manualidades, aunque esto es totalmente opcional.

Necesitas:

* Tarro transparente
* Aceite vegetal o corporal
* Témpera o pintura acrílica blanca diluida en un poco de agua
* Pastilla efervescente de vitaminas

Paso a paso

1 Decora el tarro con tu peque si habéis optado por hacerlo. Llena 3/4 partes del tarro de aceite. Vierte 3 o 4 cucharadas de pintura blanca previamente diluida con agua. Debe quedar una consistencia bastante líquida.

2 Añade la pastilla efervescente y cierra el tarro. ¡Ya puedes disfrutar junto a tus peques de esa tormenta de nieve en un tarro!

Tips y curiosidades

» Lo que ocurre en este experimento es que **el agua y el aceite** tienen **densidades diferentes.** El aceite es más ligero y siempre flota sobre el agua. Cuando agregamos gotas de pintura diluida en agua y generamos un **movimiento de los distintos líquidos** a través de la **efervescencia** de una pastilla, conseguimos ese efecto de tormenta de nieve con las gotas de pintura moviéndose dentro del aceite pero sin mezclarse con él.

» Con una pequeña modificación de este experimento, puedes generar el **efecto de lámpara de lava** en una botella de plástico, como la que ves en la foto. Solo tienes que **cambiar la pintura** blanca **por una de otro color** y colocar una **linterna debajo** de la botella para iluminarla. En una habitación con poca luz, podrás disfrutar con tus peques del relajante movimiento de las coloridas gotas de pintura en el aceite.

2
BAILE DE GOTAS

Los experimentos, además de ser divertidos, pueden ser visualmente muy atractivos, lo que crea una conexión fascinante entre el arte y la ciencia. Este tipo de actividades despierta nuestra curiosidad científica, y también activa nuestros sentidos y nos invita a descubrir la belleza de la naturaleza a través de sus reacciones.

Vamos a crear un espectáculo de colores a través de este experimento, ideal para niños a partir de 3 años. Los propios peques podrán verter la leche coloreada en el aceite y observar que, aunque se quedan flotando, cuando las gotas de colores se encuentran, se fusionan y crean nuevos tonos. ¡Una pequeña obra de arte en movimiento!

Necesitas:
* Bandeja de vidrio o de plástico
* Aceite vegetal o corporal
* Tarros pequeños o molde de magdalenas
* Leche
* Colorantes alimentarios
* Cuentagotas

Paso a paso

1 Vierte una capa de un dedo de grosor de aceite vegetal o corporal en una fuente transparente (puede ser de vidrio o de plástico).

2 Prepara varios tarros o un molde de magdalenas con leche coloreada de distintos tonos utilizando colorantes alimentarios. Coloca varios cuentagotas para que tu peque pueda experimentar.

Tips y curiosidades

» El efecto que crean las gotas de leche en el aceite se produce por las **distintas densidades de los dos líquidos.**

» Las gotas de los distintos tonos de leche se encontrarán en el aceite, y los **colores se irán fusionando.** Si removéis la leche y el aceite juntos, aunque el color parezca uniforme, podréis observar que sigue habiendo minúsculas gotas de leche flotando en el aceite. Te lo muestro aquí abajo en la foto.

3
ARCO IRIS EN UN VASO

¿Sabías que el agua puede subir por un papel como si estuviera trepando? En esta actividad vamos a aprovechar esa sorprendente capacidad para crear un arco iris. Solo necesitas papel de cocina, dos vasos, rotuladores, agua y un poco de paciencia.

Este experimento lo van a disfrutar mucho los peques a partir de 3 años. Antes de esa edad, les va a costar esperar mientras observan cómo el agua va arrastrando los colores por el papel de cocina sin cogerlo.

¡Prepárate para sorprenderte con este arco iris casero, sencillo y colorido, que parece cobrar vida frente a ti!

Necesitas:

* Dos vasos
* Una porción de papel de cocina
* Agua
* Rotuladores de colores

AGUJETAS MATERNALES

Paso a paso

1 Dobla una porción de papel de cocina por la mitad y, sin cambiar de dirección, vuelve a doblarlo por la mitad una vez más. Deja que el peque coloree un tramo del arco iris en cada uno de los extremos del papel, como se muestra en la imagen.

2 Echa un poco de agua en cada vaso. Coloca uno de los extremos del papel coloreado en cada uno de los vasos. Ya solo queda esperar y observar cómo el agua va trepando por las fibras del papel hasta completar el arco iris.

Tips y curiosidades

» La **capilaridad** es la **forma en que el agua puede moverse** a través de **espacios pequeños**, como las fibras de un papel, **sin necesidad de usar fuerzas externas**.

» **Otra variación de este experimento** consiste en poner dos vasos con agua y un poco de colorante de un tono diferente en cada uno. Pondremos un tercer vaso vacío en medio. Colocaremos una porción de papel de cocina doblada que vaya desde cada uno de los vasos con colorante al vaso central vacío. Después de unos minutos, veremos que el **agua de colores ha trepado desde los vasos de los extremos al vaso central, donde se mezclarán los colores de los otros dos vasos**.

4

MAREJADA EN UN FRASCO

Este experimento muestra de una forma espectacular cómo se comportan el aire y el agua al sufrir cambios bruscos de presión.

Ya que para realizar esta actividad es necesario encender una vela, es importante que sea el adulto siempre quien utilice el mechero, tomando todas las precauciones necesarias. El repentino cambio de presión dentro del frasco produce un ruido y un movimiento del agua que puede asustar a algunos niños. Por eso, es importante explicarles lo que va a suceder para que estén tranquilos y disfruten de la experiencia.

Los peques a partir de 5 años pueden disfrutar mucho de esta actividad, y si son más pequeños puedes optar por la variante que te explico en los «Tips y curiosidades».

Necesitas:

* Una bandeja de vidrio
* Un frasco de vidrio
* Agua
* Colorante (opcional)
* Vela pequeña
* Mechero
* Colonia con alcohol en spray

AGUJETAS MATERNALES

74

1 Vierte un dedo de agua en el fondo de una bandeja de vidrio o plato hondo. Si quieres, puedes añadir una gota de colorante para que el experimento sea más vistoso. Enciende la vela y colócala flotando en el agua.

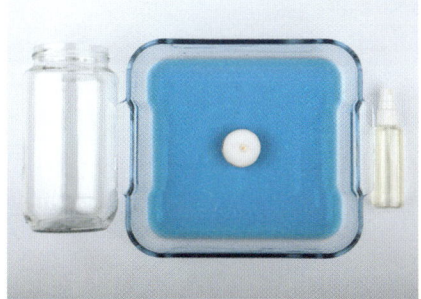

2 Pulveriza colonia con el *spray* en el frasco e inmediatamente ponlo sobre la vela encendida. ¡Prepárate para una explosión controlada de agua dentro del frasco!

Tips y curiosidades

» ¿Sabes **por qué** se produce este efecto tan llamativo? Al colocar el tarro con alcohol pulverizado de la colonia sobre la vela encendida, **el alcohol en forma de vapor se quema y calienta el aire dentro del tarro.** Esto hace que el **aire se expanda.** Pero en cuanto **la llama consume el oxígeno** dentro del tarro y **se apaga,** el **aire se enfría** rápidamente **y se contrae.** Esta contracción crea una **diferencia de presión** dentro y fuera del tarro. El **aire de fuera «empuja»** el **agua hacia dentro** del tarro para **igualar la presión.** Por todo ello, **el nivel de agua sube tan bruscamente** dentro del frasco.

» Podéis hacer el **experimento sin añadir la colonia en** *spray.* Al no utilizar alcohol, el **cambio de temperatura** y, por lo tanto, de **presión** dentro y fuera del frasco **serán menores.** El nivel de agua dentro del frasco subirá, pero **sin el efecto explosivo.** Lo podéis ver en estas imágenes de los vasos a continuación.

5
SERPIENTE ELÉCTRICA

La electricidad estática es algo que seguro que has sentido alguna vez, como cuando tocas a alguien y te da un calambre o cuando te pones un jersey de lana y tu pelo se te empieza a pegar al cuello o a levantarse.

Con este experimento vas a mostrar a tu peque cómo aprovechar esa energía para hacer algo que parece magia: hacer flotar misteriosamente una serpiente de papel de seda. Es una actividad muy sencilla y divertida que mezcla ciencia y creatividad. Los peques de cualquier edad pueden disfrutarla. A partir de los 4 años pueden ayudarte también a preparar la culebra.

¿Quién va a convertirse hoy en encantador de serpientes?

Necesitas:

* Un globo
* Una serpiente recortada en papel de seda
* Una prenda de lana

1 Dibuja una serpiente sencilla de unos 20 cm de diámetro en papel de seda y recórtala. Tu peque puede ayudarte a dibujarla, aunque recortar el papel de seda se le puede hacer complicado.

2 Hincha un globo y dispón una prenda de lana cerca, para que el peque pueda frotar el globo contra ella. Veréis que, al acercar el globo a la serpiente, esta se eleva como si estuviera encantada.

Tips y curiosidades

» Cuando **frotas el globo contra el jersey de lana,** el **globo se carga con electricidad estática.** Esto significa que «roba» algunas partículas invisibles (electrones) del jersey, lo que le da una **carga eléctrica negativa.** Esta carga hace que el globo pueda **atraer objetos ligeros.** Aunque el papel de seda es neutro, sus cargas positivas se verán atraídas por la electricidad estática del globo, y se moverá.

» Para profundizar más en el tema de la electricidad estática, podéis hacer otro experimento. Se trata de **colgar dos globos con cuerda de un soporte** (puede ser una barra u otra cuerda). **Si frotáis con lana uno de los globos, veréis que atrae al otro** (como en la imagen). Pero **si frotáis los dos en la lana, veréis cómo se alejan**, ya que ambos estarán cargados con electricidad negativa y las cargas iguales se repelen.

2. AGUJETAS DE DESCUBRIR

6
JUEGOS PARA ENGAÑAR AL OJO

¿Sabías que las películas no son más que muchas fotos seguidas que se proyectan tan rápidamente que engañan a tu percepción? Nuestro cerebro ve esas imágenes continuas como si se movieran. A esto le llamamos una «ilusión óptica», y en esta actividad vamos a descubrir cómo podemos crearlas.

En este engaño a nuestra visión se basan los taumatropos, que fueron juguetes muy populares en el siglo XIX y lo más parecido a los dibujos animados que tenían los niños de aquella época. En este experimento podrás construir un taumatropo y también un disco de Newton. Este último es un círculo con sectores de colores, que, al girar rápidamente engaña a nuestra percepción, y lo vemos como de un solo color.

¡Prepárate a descubrir que, muchas veces, no todo es lo que parece!

Necesitas:
* Descargables impresos
* Tijeras
* Pajita o palillo chino
* Pegamento
* Taladradora de papel
* Gomas elásticas
* Lápiz
* Cinta adhesiva

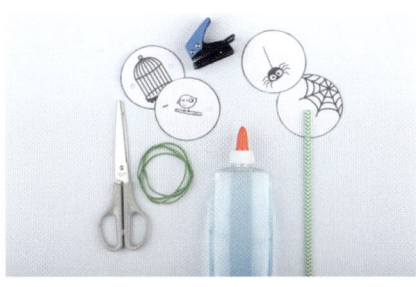 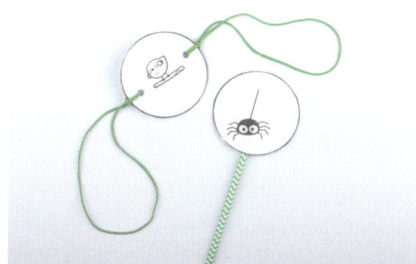

Paso a paso

1 Para el taumatropo, escanea el QR que tienes en esta página e imprime los dibujos que más te gusten a ti y a tu peque. Puedes construirlo con una pajita o con gomas. Si lo haces con la pajita, debes introducirla en medio de los dos dibujos y fijarla con pegamento.

2 Si escoges el taumatropo de gomas, cuando vayas a pegar las dos caras, asegúrate de que una esté orientada hacia arriba y la otra hacia abajo (girada 180 grados). Una vez pegadas, haz un agujero a cada lado con ayuda de una taladradora de papel y pasa una goma por cada taladro para poder hacer girar el taumatropo.

Tips y curiosidades

» ¿Te has fijado en el **ojo de la página de al lado**? En la página siguiente aparece el mismo ojo pero cerrado. Si **miras fijamente el ojo abierto** y **abres y cierras rápidamente esta página sobre la anterior**, tendrás la sensación de que el **ojo parpadea**. Al cambiar de una imagen a otra de forma rápida, nuestro cerebro interpreta que hay movimiento. En esta idea se basan los dibujos animados. Antes, los animadores tenían que hacer **24 dibujos a mano por cada segundo** de película para que pareciera que se estaban moviendo.

¡Descarga aquí los diseños!

1 Para el disco de Newton, escanea el QR que tienes en la página anterior e imprime el disco en color. Tienes dos tamaños para escoger. Pega el disco en un trozo de cartón o cartulina y recórtalo. Haz un agujero en el centro del disco con la punta de las tijeras.

2 Mete el lápiz en el agujero. Pon dos vueltas de cinta por encima y por debajo del disco. La cinta hará de tope, y así el disco no se caerá del lápiz al girar. Coge el lápiz con los dedos índice y pulgar y hazlo girar con fuerza. Verás que los colores se fusionan, como puedes observar en la imagen, hasta unificarse totalmente.

Tips y curiosidades

» **La distancia**, al igual que el movimiento, puede hacer que nuestros **ojos fusionen tonalidades de distintos colores aplicados en pequeñas superficies.** Los pintores impresionistas y puntillistas creaban pequeñas pinceladas o puntos de distintos colores contando con que el ojo del espectador se encargaría de mezclar los tonos.

MENSAJES SECRETOS

Descifrar códigos ocultos es una actividad que siempre despierta la curiosidad de los niños. Les encanta sentirse como espías, descifrando mensajes llenos de misterio.

En esta actividad, vais a descubrir tres técnicas para escribir y revelar mensajes secretos utilizando ingredientes cotidianos. Los peques a partir de 4 años están preparados para entender y disfrutar de este experimento.

Uno de los métodos que se explican conlleva el uso de un mechero, que debería manejar el adulto. Hay que tener en cuenta que hemos de calentar un papel con un mensaje secreto escrito con zumo de limón, y el papel es un material altamente inflamable. Por ello hay que tener especial precaución. Las otras dos técnicas pueden ser ejecutadas por niños en su totalidad.

Necesitas:

* Hoja de papel
* Pincel
* Bicarbonato
* Agua
* Gel hidroalcohólico
* Cúrcuma
* Zumo de limón
* Mechero
* Vela o cera blanca
* Acuarelas

1 Material para escribir el mensaje secreto: mezcla de bicarbonato y agua a partes iguales. Puedes aplicarlo con un palito de algodón o con un pincel.

2 Material para revelar el mensaje secreto: cúrcuma mezclada con gel hidroalcohólico a partes iguales. Podrás volver a borrar el mensaje utilizando zumo de limón. Es la técnica utilizada en la página anterior.

Paso a paso

1 Material para escribir el mensaje secreto: zumo de limón. Puedes aplicarlo con un palito de algodón o con un pincel.

2 Material para revelar el mensaje secreto: el calor emitido por un mechero. Tendrás que pasar la llama por el papel y las letras irán apareciendo.

INTENTAR, FALLAR Y VOLVER A INTENTAR...

Paso a paso

1 Material para escribir el mensaje secreto: una vela blanca que puedes utilizar como si fuera un lápiz para escribir. También puedes usar una cera blanca.

2 Material para revelar el mensaje secreto: acuarelas aplicadas con la ayuda de un pincel mojado previamente en agua.

Tips y curiosidades

» La **cúrcuma reacciona con sustancias de pH básico**, como el bicarbonato, y cambia de amarillo a rojizo, mostrando el mensaje escondido.

» **El jugo de limón se oxida al calentarse**, dejando una marca marrón que hace visible el mensaje oculto.

» La **cera repele el agua de la acuarela**, creando un contraste que hace que el dibujo o mensaje aparezca.

» ¿Te has dado cuenta de que los tres mensajes secretos que te enseño en esta actividad te mandan un **mensaje secreto global**? ¡Lee la secuencia, que el mensaje que comprende creo que te va a gustar!

8

GLOBOS MISTERIOSOS

En este experimento vamos a hacer que un globo se infle solo, gracias a una reacción química. Al mezclar bicarbonato con vinagre, se libera dióxido de carbono, el mismo gas que exhalamos al respirar y que no es peligroso. Este será el responsable de inflar el globo, ¡como por arte de magia! Puede pasar que el globo se hinche tanto que explote, pero, más allá del susto, no pasa nada. Ni el bicarbonato, ni el vinagre, ni las sustancias que se generan al mezclarlos (agua, acetato de sodio y dióxido de carbono) son tóxicas. Aun así, para evitarles ese susto a los más peques de la casa, no es recomendable que hagan esta actividad hasta que sean mayores de 3 años.

Es una forma divertida de introducir a los peques en el mundo de las reacciones químicas y mostrarles cómo la interacción de determinados materiales puede transformar las sustancias, creando algo completamente nuevo.

Necesitas:

* Una botella de plástico
* Bicarbonato
* Embudo
* Vinagre
* Globos

AGUJETAS MATERNALES

1 Echa un par de cucharadas de bicarbonato dentro de un globo con la ayuda de un embudo. Por otro lado, vierte medio vaso de vinagre en una botella de plástico.

2 Sin volcar aún el bicarbonato, ajusta la abertura del globo sobre la boca de la botella. Asegúrate de que esta quede bien tapada. Indica a tu peque que levante suavemente el globo para que el bicarbonato caiga dentro de la botella con vinagre.

Tips y curiosidades

» En este experimento, al **mezclar bicarbonato con vinagre,** se produce una reacción química que genera **dióxido de carbono, que es** el gas que infla el globo. Además del gas, la reacción genera **agua y acetato de sodio,** una sustancia completamente inocua y segura para los niños.

» Para hacerlo aún más divertido, podéis comprar **globos con dibujos** de personajes de Halloween u otros temas. Si los peques dibujan directamente sobre los globos, los dibujos se estirarán tanto durante el experimento que apenas serán visibles.

LA LECHE DE COLORES

¿Sabías que con un poco de leche, colorantes y lavavajillas líquido puedes crear un espectáculo de colores en movimiento? En este experimento vamos a explorar cómo el jabón «empuja» las partículas de grasa en la leche, creando remolinos increíbles de colores que parecen cobrar vida.

Esta actividad es una forma visual y divertida de entender la tensión superficial, que es como una piel invisible que cubre los líquidos. Cuando el jabón rompe esta tensión, las partículas de la leche se mueven y arrastran los colores, creando un baile cromático fascinante. Los peques a partir de 3 años van a disfrutar mucho haciendo bailar los colores en la leche.

Necesitas:
* Una bandeja de vidrio o un plato hondo
* Leche
* Colorante alimentario
* Palitos de algodón
* Lavavajillas líquido

Paso a paso

1 Vierte un poco de leche en el plato, asegurándote de cubrir el fondo. Pon unas gotas de colorante de distintos tonos esparcidas por la superficie de la leche.

2 Muéstrale a tu peque cómo tiene que mojar el palito de algodón en el jabón líquido y sujetarlo verticalmente en un lugar fijo de la leche.
En seguida los colores empezarán a moverse alrededor del palito.

Tips y curiosidades

» El **jabón rompe la tensión superficial**, que es como una «piel invisible» que tiene la leche. Esto **empuja las partículas de grasa** y hace que **los colores se muevan** en remolinos.

» Hay una **variante** de este experimento que es genial para que los peques entiendan la **importancia de lavarse las manos con jabón**. Llena un plato con agua y esparce pimienta por la superficie. Deja que tu peque moje el dedo en jabón y lo ponga en medio del plato. Veréis cómo la pimienta se aparta rápidamente. De la misma forma, los gérmenes se van cuando usamos jabón al lavarnos las manos.

10
LOMBARDA QUÍMICA

Algunos alimentos de tu cocina esconden secretos científicos, ¡y la lombarda es uno de ellos! Contiene una sustancia especial llamada antocianina, que funciona como un indicador natural de pH. El pH nos ayuda a saber si algo es ácido (como el vinagre), neutro (como el agua) o básico (como el bicarbonato). Las sustancias ácidas tienen un pH bajo, mientras que las básicas tienen un pH alto.

En esta actividad, extraeremos la antocianina de la lombarda para preparar un líquido mágico que cambia de color dependiendo de lo que mezcles con él. ¡Prepárate para una explosión de colores!

Necesitas:

* Lombarda
* Agua
* Microondas
* Tarros
* Bicarbonato
* Detergente
* Limón
* Vinagre
* Cucharilla
* Cuentagotas

AGUJETAS MATERNALES

1 Pon 3 o 4 hojas de lombarda en una jarra y vierte encima agua hirviendo, previamente calentada en el microondas. Déjala reposar 10 minutos para que la antocianina se disuelva en el agua. Verás que esta se tiñe de morado. Ten cuidado con el agua mientras esté caliente.

2 Prepara 5 tarros con las sustancias ácidas y básicas que vais a utilizar para el experimento: agua, bicarbonato, detergente, limón y vinagre. Vierte un poco de líquido de lombarda en otros 5 vasos para que tu peque pueda ir experimentando qué pasa al agregarle cada una de las sustancias que estáis testando.

Tips y curiosidades

» El líquido de lombarda cambia de color dependiendo del pH de las sustancias que mezcles con él. El **agua**, que es **neutra** (pH cercano a 7), mantiene el **color morado**. Las **sustancias ácidas** como el **limón** o el **vinagre** hacen que el líquido se vuelva **rosado**. En cambio, las **básicas** como el **bicarbonato** cambian el color del líquido a **tonos verdes o azulados, y en el caso del detergente a tonos amarillentos.** Empezando por la izquierda, los vasos que se muestran aquí se mezclaron con agua, limón, vinagre, bicarbonato y detergente.

11
LLUVIA CROMÁTICA

La magia de los colores se une a la ciencia en esta actividad donde se recrea el viaje de las gotas a través de las nubes. La espuma de afeitar simulará las nubes, y los colorantes serán como gotas de lluvia que lentamente atraviesan la atmósfera. El resultado es un espectáculo de colores en movimiento que encantará a peques y a mayores.

Esta actividad es ideal para niños a partir de los 3 años. Los más pequeños disfrutarán de la experiencia sensorial, mientras los mayores podrán entender de una forma práctica y divertida cómo funciona una parte del ciclo del agua.

Necesitas:
* Frasco o jarrón alto de vidrio
* Agua
* Espuma de afeitar
* Tarros
* Colorantes alimentarios
* Cuentagotas

AGUJETAS MATERNALES

1 Llena 3/4 partes de un tarro o jarrón alto de agua. El espacio restante llénalo con espuma de afeitar. Puede servir cualquier tarro, pero si consigues uno que sea alto, las gotas tendrán un recorrido mayor al caer y será más hermoso.

2 Prepara varios tarros con agua y añade un par de gotas de colorante en cada uno, para crear distintos tonos. Coloca un cuentagotas en cada tarro para que tu peque pueda verter las gotas de colores encima de la espuma y observar su descenso a través del agua.

Tips y curiosidades

» Puedes probar **otra versión del experimento** llenando 3/4 partes de un frasco con agua. En un recipiente aparte, mezcla un poco de aceite de girasol con unas gotas de colorante de diferentes tonos. Agita bien la mezcla y viértela de inmediato sobre el agua. Los colorantes atravesarán el aceite y llegarán al agua formando hilos de colores.

» Para añadir diversión, **podéis decorar el frasco**. Aquí os enseño una forma divertida de hacerlo.

MANZANA VOLCÁNICA

La ciencia tiene el poder de convertir lo cotidiano en extraordinario. Esta vez, vamos a aprovechar la idea de la reacción química que nos ayudó a hinchar un globo de forma sorprendente en la actividad «Globos misteriosos» para crear una explosión burbujeante directamente desde el corazón de una manzana.

Esta actividad es ideal para peques a partir de 3 años, que quedarán fascinados al ver la efervescente y colorida reacción.

Necesitas:

* Manzana
* Cuchillo
* Bicarbonato
* Vinagre
* Colorantes alimentarios
* Tarros
* Cuentagotas
* Bandeja o plato

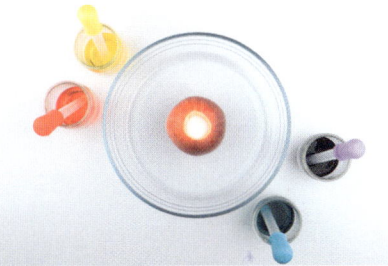

1 Haz un agujero en la manzana con la ayuda de un cuchillo. Vierte una cucharada de bicarbonato dentro. Coloca la manzana en una fuente, para recoger el vinagre que se desborde y no manchar la mesa.

2 Vierte vinagre con distintos colorantes en tarros y coloca un cuentagotas en cada uno. Ya está todo listo para que los pequeños científicos de la casa disfruten de este divertido experimento.

Tips y curiosidades

» Si quieres saber **qué sucede** en esta reacción química, puedes echar un vistazo a los **«Tips y curiosidades»** de la actividad **«Globos misteriosos».**

» También puedes fabricar tu volcán con **plastilina o pasta de modelar,** dándole la forma de un cráter.

» Puedes usar este experimento como **actividad sensorial** colocando una **bandeja llena de bicarbonato** y presentando **tarros con vinagre** de diferentes tonos **con cuentagotas** para que los peques experimenten.

Agujetas de...

INVENTAR

CAPÍTULO 3

AGUJETAS DE INVENTAR

Imagina, crea, juega y dale un giro asombroso a lo cotidiano

Quizá te ha pasado alguna vez que regalas un juguete a tus hijos y parece que les hace más ilusión la caja que lo que hay dentro. Por un lado, puede resultar un poco decepcionante después de todo el tiempo que pasaste eligiendo ese regalo, pero, por otro, esa caja ofrece un mundo lleno de posibilidades. Los juguetes que permiten un uso abierto tienen el poder de potenciar al máximo la creatividad y la imaginación de los niños. Partiendo de esta idea, vamos a crear, con materiales de reciclaje sencillos que tenemos a mano, juguetes divertidos que inviten a explorar, imaginar y reinventar.

En esta sección encontrarás 12 proyectos para crear juguetes *DIY (do it yourself)* sencillos con tus niños. Las dos primeras propuestas están dedicadas a los más pequeños, desde 1 año y medio o 2 añitos hasta los 3 años, mientras que las otras diez son ideales para disfrutar con niños a partir de 3 años de edad. Además, encontrarás varias actividades con materiales descargables que harán el proceso aún más fácil y divertido. Cuando tus peques fabriquen un objeto con el que pueden jugar, verás un brillo especial en sus ojos. Lo que ellos mismos han creado tendrá siempre un valor único y especial. Además, estas actividades despertarán nuevas ideas en esos pequeños genios que tenemos en casa.

Cuando yo era pequeña, recuerdo pasar meses jugando con mis peluches en una caja enorme de mudanza como si fuera un barco. Amaba esa caja, porque no era una caja. Era un mundo entero por explorar. Estoy segura de que después de sumergirte en estas páginas, tampoco volverás a mirar una caja de cartón o una botella de plástico de la misma manera. ¡Es hora de dar un giro asombroso a lo cotidiano!

10 BOTELLAS SENSORIALES

Las botellas sensoriales han sido uno de los juguetes *DIY* más utilizados en casa con todos mis hijos, ya que son prácticas, económicas y muy versátiles. Puedes llevarlas a cualquier sitio y adaptarlas fácilmente a los intereses de tu hijo o a la época del año en la que te encuentres.

Estos juguetes los fabrica el adulto, y el peque se encarga de disfrutarlos. Para crearlos tienes que introducir un elemento que actúa como base (arroz teñido, agua, aceite, fideos, hojas, arena, etc.) junto con otros materiales que flotan, se esconden o se mueven en su interior. Hay dos tipos principales: las botellas de base líquida, que suelen ser más relajantes, y las de base sólida, ideales para explorar texturas y sonidos.

Recuerda sellar siempre el tapón con pegamento caliente para que sean seguras y los peques no puedan abrirlas.

Necesitas:

* Botella de plástico pequeña con tapón
* Pegamento termofusible
* Distintos elementos para introducir en la botella (mira las próximas páginas para inspirarte)

AGUJETAS MATERNALES

96

Paso a paso

1 Introduce en la botella sensorial los elementos que decidas.

2 Para asegurar que tu peque no puede abrir la botella, sella el tapón con pegamento termofusible. ¡Ya la tienes preparada!

Tips e ideas

» Aquí te muestro **cuatro ideas** de botellas sensoriales que tienen un relleno de **base líquida**. Te describo el contenido de izquierda a derecha y de arriba abajo:

· **Tormenta de nieve:** Base de aceite corporal con purpurina y piezas pequeñas brillantes (parecidas a lentejuelas pero con distintas formas) que puedes encontrar en la zona de manualidades de los bazares.

· **Océano relajante:** Base de agua con colorante azul y aceite corporal a la que puedes añadir criaturas del mar de goma.

· **Colores inmiscibles:** Para esta botella necesitas mezclar agua con un colorante y aceite con otro color de colorante liposoluble. Los colorantes que utilizamos habitualmente no se disuelven en aceite.

· **Esferas mágicas:** Base de aceite corporal con perlas de agua (también las encontrarás como *water beads* en los comercios) previamente hidratadas. Estas perlas son muy económicas y puedes usarlas como base para juego sensorial con peques a partir de 3 años.

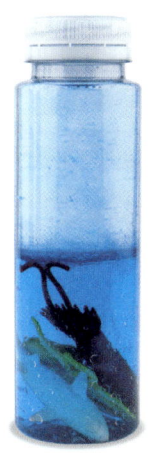

Tips e ideas

» A continuación te detallo (de izquierda a derecha y de arriba abajo) los contenidos de las **seis botellas** sensoriales de **base sólida** que ves en esta página:

- **Magia de otoño**: base de hojas otoñales con bellotas.
- **Llega la primavera**: base de fideos teñidos de verde con insectos de juguete. Para teñir los fideos (o arroz), colócalos en una bolsa hermética con unas gotas de colorante y un poco de alcohol. Cierra la bolsa y agítala hasta que los fideos se tiñan. Luego extiéndelos sobre papel de cocina y déjalos secar durante un par de horas.
- **Paseo por la playa**: base de arena de playa con pequeños animales.
- **Mar de arroz**: arroz teñido de dos tonos de azul con peces de goma.
- **La granja**: fideos con pequeños animales de la granja.
- **Color y sonido**: pompones de colores y cascabeles.

PEQUEJUEGOS SORPRENDENTES

Los más pequeños de la casa descubren el mundo con sus manos, y es fascinante ver cómo exploran, tocan y manipulan todo lo que encuentran a su alcance. En esta actividad, te propongo diez ideas de juguetes *DIY* creados con materiales sencillos que seguro que tienes en casa. Estos pequeños juegos están diseñados para estimular la curiosidad de los niños a partir de 1 año y medio, mejorar su coordinación ojo-mano, así como su motricidad fina, y fortalecer sus dedos, habilidades clave para su desarrollo.

Es importante recordar que los niños tan pequeños deben estar siempre supervisados mientras juegan, especialmente si los materiales incluyen elementos pequeños como pompones. Si tu peque todavía tiende a llevárselo todo a la boca (es otra forma en la que explora el mundo), es mejor que las propuestas que tienen elementos pequeños las dejes para más adelante.

Necesitas:

* Los materiales dependen del juguete que quieras crear. En las próximas páginas te detallo lo que necesitas para cada uno.

Tips e ideas

» Aquí te explico (de izquierda a derecha y de arriba abajo) cómo hacer los juguetes *DIY* que ves en esta página:

· **Varillas y pompones**: mete pompones en unas varillas de batir y muéstrale a tu peque cómo puede sacarlos con los dedos.

· **Rescatar animales**: pega animales con cinta en una bandeja de plástico para que tu niño pueda despegarlos.

· **Cartas en un bote**: practica un corte con ayuda de un cúter en la tapa de un bote de plástico. Enseña a tu peque a introducir cartas de una baraja por la ranura.

· **Pegar pompones en forro o cinta**: haz un marco con un trozo de cartón. Coloca forro autoadhesivo transparente o cinta adhesiva ancha en uno de los lados. Muestra a tu peque cómo los pompones se pegan en la parte adherente del forro o de la cinta.

· **Pintura que no mancha**: vierte pintura dentro de una bolsa de plástico de cierre hermético y ciérrala. Pega la bolsa con un poco de cinta en la mesa o en una ventana para que tu peque pueda hacer trazados en la pintura con los dedos sin mancharse.

- **Emparejar calcetines:** mete calcetines en una caja. Puedes hacerle un agujero en la tapa para que tu peque meta la mano y vaya sacando calcetines y averiguando cuáles forman pareja.

- **Palitos en hueveras:** pon la huevera del revés y haz un corte con la ayuda de un cúter en cada uno de los módulos. Muestra al niño cómo se encajan los palos en las ranuras.

- **Pinzas en un bol:** pon pinzas en el borde de un bol y deja que tu peque las quite. Aprender a ponerlas le costará mucho más esfuerzo, pero es un gran entrenamiento para fortalecer sus pequeñas manos.

- **Escurridor y limpiapipas:** mete los extremos de un limpiapipas en dos agujeros de un escurridor. Repite el proceso con varios limpiapipas. Deja que el peque los saque.

- **Machacar cáscaras:** coloca varias cáscaras de huevo, previamente lavadas y secas, en un plato de plástico o en una tabla de madera. Cubre el plato o la tabla con film transparente. Dale a tu peque un martillo de juguete o una mano de mortero para que machaque las cáscaras.

PLASTILINA CASERA

La plastilina casera es un recurso fantástico para los peques: divertida, fácil de hacer y más segura que las opciones comerciales. Esta plastilina es perfecta para niños a partir de 2 años ya que está hecha con ingredientes naturales, y no es peligrosa si deciden probarla. Eso sí, para asegurar que en la harina cruda no sobrevive ninguna bacteria, hornéala a 130 ℃ durante 10 minutos extendida en una bandeja antes de hacer la receta.

Si tienes en casa un peque celíaco, no te preocupes: puedes sustituir la harina de trigo por harina de arroz o de garbanzo, y obtener una textura igual de divertida para modelar.

Además, esta actividad incluye un descargable con plantillas para jugar con la plastilina: podrán crear pizzas, montar una heladería o hacer peinados de plastilina.

Necesitas:
* Bol para mezclar
* 1 taza de harina
* 1/2 taza de sal
* 2 cdas. de bicarbonato
* 1/2 taza de agua
* 1 cda. de aceite de girasol
* Unas gotas de colorante alimentario

Paso a paso

1 Mezcla en un bol la harina, la sal, el bicarbonato y el aceite. Recuerda hornear previamente la harina si vas a ofrecerle la plastilina a un niño que todavía se lleva cosas a la boca.

2 Añade poco a poco el agua, previamente teñida con unas gotas de colorante. Ve amasando hasta que quede una pasta flexible pero que no se pegue en las manos. Si la masa se quiebra con facilidad, añade un poco más de agua. Si se pega en las manos, añade un poco más de harina.

¡Descarga aquí las plantillas!

Tips e ideas

» Si **escaneas el código QR** que aparece en esta página, podrás acceder a diferentes **plantillas para estimular el juego** de los peques con la plastilina. Para poder utilizarlas una y otra vez sin que se manchen al poner la pasta de modelar encima, **plastifica las plantillas una vez impresas**. Puedes utilizar para ello una máquina plastificadora o forro autoadhesivo del que se usa para forrar libros.

3. AGUJETAS DE INVENTAR

GLOBO SALTARÍN

Como ya habrás notado, este libro está lleno de ideas sencillas y divertidas que son un éxito con los peques. Pero, sin duda, la propuesta de esta página se lleva la palma en cuanto a sencillez. Convertir un globo en una pelota solo requiere añadirle dos trozos de cinta americana, ¡y el resultado es un juguete sorprendente que les encantará!

Aunque no es ideal para jugar en la calle, ya que sigue siendo un globo y podría pincharse, es perfecto para esos días de frío o lluvia en los que no se puede salir al parque. Su ligereza lo hace seguro para jugar dentro de casa sin miedo a dañar los elementos frágiles. Una solución rápida, fácil y muy entretenida para los días en los que la pelota tradicional no es una opción.

Necesitas:

* Un globo
* Cinta americana

1 Hincha el globo y hazle un nudo a la boquilla. Pega dos trozos de cinta americana que den una vuelta completa al globo y estén colocados perpendicularmente entre sí.

Tips e ideas

» Si quieres hacer más divertido y creativo el proceso de fabricación del globo con los peques, puedes usar **rotuladores permanentes** para **personalizarlo**. Si no tienes cinta americana, **puedes usar celo o cinta de carrocero**. El resultado es un globo **menos saltarín, pero también bota**.

» Siempre que los peques jueguen con globos, recuerda **desechar de inmediato los restos** cuando estos se pinchen. Los fragmentos de globos pueden ser peligrosos, ya que los niños podrían llevárselos a la boca, y atragantarse con ellos.

5
PELUQUERÍA CREATIVA

¿Sabías que con unos tarros de conservas vacíos y unos papeles de colores tu peque puede abrir su propia peluquería creativa en casa? Es tan fácil como forrar los tarros con papel o cartulina, añadir «pelo de papel» entre la tapa y el tarro, y dejar volar la imaginación. Con este entretenido juego, el niño podrá cortar, colorear, rizar o plisar el pelo de estos divertidos personajes, y darle un estilo único a cada uno de ellos.

Además de ser una actividad divertida, esta propuesta es perfecta para fomentar el uso de las tijeras, una habilidad clave para mejorar la motricidad fina de los niños. Mientras ellos juegan, estarán fortaleciendo los músculos de sus dedos y trabajando su coordinación ojo-mano sin siquiera darse cuenta.

Necesitas:

* Tarros de conserva con sus tapas
* Papel o cartulina de color
* Tijeras
* Pegamento
* Compás
* Rotuladores de colores

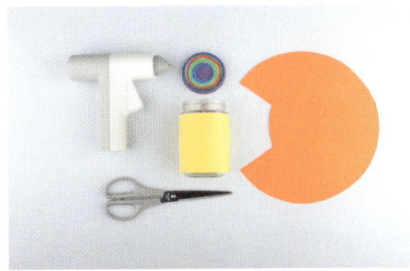

Paso a paso

1 Forra el tarro con un trozo de cartulina o papel usando el pegamento. Corta un círculo de papel para el pelo. El diámetro debe ser 2 o 3 veces el del tarro. Corta una porción de ese círculo como ves en la foto, para hacer coincidir esa parte con la cara del personaje.

2 Centra el trozo de papel circular en el tarro y cierra la tapa encima para dejarlo fijo. Haz cortes radiales por toda la superficie del círculo para crear el pelo del personaje. Decora (o deja que lo haga tu peque) el tarro utilizando rotuladores o lápices de colores. Las pegatinas también son muy buena opción para decorar.

Tips e ideas

» Además de usar las tijeras para cortar las tiras de papel que conforman el pelo, puedes enseñar a tu peque a **hacer pequeños dobleces,** como en el personaje central que ves aquí debajo, para conseguir un **efecto ondulado.** También podéis **enrollar una tira de papel alrededor de un lápiz** para crear un divertido **efecto rizado** como en el personaje de la izquierda. Y, por supuesto, les podéis **teñir el pelo o poner mechas usando rotuladores de colores** como en el personaje de la derecha.

3. AGUJETAS DE INVENTAR

6

MALABARES ARCO IRIS

Estas bolas son mucho más que un accesorio para practicar malabares. Con ellas puedes inventar un sinfín de juegos: montar una partida de bolos casera, retar a la familia a juegos de coordinación o practicar lanzamientos de precisión. También puedes, simplemente, utilizar las pelotas como elemento antiestrés para esos días en los que alguien necesite relajarse.

Aunque hasta los 4 años los peques no serán capaces de fabricar sus propias bolas, son elementos de juego muy divertidos y versátiles para niños de todas las edades. Como siempre que utilices globos, recuerda la importancia de recoger todos los restos de goma y tirarlos para evitar que algún peque se los lleve a la boca.

Necesitas:
* Globos
* Arroz
* Botella de plástico pequeña
* Tijeras
* Embudo

AGUJETAS MATERNALES

1 Llena un tercio de la botella con arroz utilizando un embudo. Hincha un poco un globo, retuerce la boquilla para que no se salga el aire y encaja la boquilla del globo en la boca de la botella. Endereza la boquilla del globo y da la vuelta a la botella para llenar el globo de arroz.

2 Corta la boquilla sobrante del globo con las tijeras al ras del arroz. Ahora, corta la boquilla de otro globo (como el rosa de la foto). Colócalo sobre el globo lleno de arroz. Tienes que estirar mucho la goma con las dos manos y envolver el globo del arroz por la parte que tiene el agujero.

3 Puedes poner un tercer globo para darle más resistencia. Para que las bolas queden más bonitas, puedes añadir otros globos quitándoles la boquilla y haciéndoles pequeños cortes para que se vean las capas de los colores que hay por debajo. Puedes ver un ejemplo de cortes en el globo verde del «paso 2».

Tips e ideas

» Puedes crear unas **bolas de malabares** especiales que **parezcan ojos** para Halloween. Solo tienes que escoger el color negro para el primer globo, el color que más te guste para el segundo globo que hará de iris, y el blanco para un tercer globo que colocaremos para imitar los colores de un ojo. Si quieres conseguir un mayor realismo, puedes añadir capilares dibujados con rotulador permanente rojo en el último globo.

MÁQUINA DE ESPUMA MÁGICA

¿Quién diría que con algo tan sencillo como una botella y una toallita desechable se puede crear tanta diversión? Este ingenioso artilugio es perfecto para animar cualquier tarde, ya sea al aire libre en verano o en la bañera durante el invierno. Los niños disfrutarán con la espuma para hacerse barbas y peinados divertidos o incluso para simular que preparan comida.

Cuando les enseñes a usar la máquina de espuma, muéstrales que tienen que retirar siempre los labios de la botella para coger aire. Recuérdales que no deben aspirar con la boca en la botella para evitar ingerir jabón. Con estas precauciones, ¡la diversión está asegurada!

Necesitas:

* Botella de plástico
* Tijeras
* Toallita desechable
* Goma elástica
* Cuenco
* Agua
* Gel de ducha

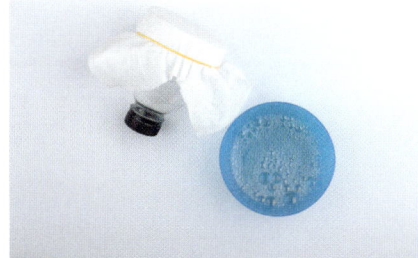

1 Corta el tercio superior de la botella de plástico con ayuda de unas tijeras. Coloca la toallita en la parte cortada y asegúrala con una goma elástica.

2 Prepara una mezcla de agua con unas gotas de gel de ducha o jabón de manos en un bol. Para generar la espuma, deja que tu peque moje la parte de la botella que tiene la toallita en el agua con jabón y que sople por la boca de la botella. Recuerda quitar el tapón de la botella antes de soplar.

Tips e ideas

» Si queréis darle a esta actividad un **toque aún más mágico**, coloread la toallita con unas gotas de colorante alimentario antes de empezar. Al soplar, **la espuma saldrá teñida de colores.** Podéis usar un solo color o mezclar varios para que sea más divertido. Eso sí, tened en cuenta que la espuma coloreada puede manchar la ropa, por lo que esta variante es ideal para disfrutar en la bañera.

8

LUPA DE AGUA

En esta actividad, los peques utilizarán un vaso de fondo plano como lupa para revelar dibujos o palabras ocultos bajo una capa de agua coloreada. Como les vamos a proporcionar una lista de elementos por descubrir, podrán ir tachándolos a medida que los encuentren.

Este juego es ideal para niños a partir de 4 años. Además, en el QR de la página de al lado encontraréis descargables muy divertidos para poder prepararlo rápidamente. Puedes adaptarlo a cualquier temática que le interese a tu peque o que quieras reforzar.

Necesitas:
* Bandeja de vidrio
* Vaso de vidrio
* Agua
* Pintura
* Descargables impresos
* Rotulador

Paso a paso

1 Imprime o dibuja el fondo en el que los peques tendrán que buscar elementos. Colócalo debajo de la bandeja de vidrio. Imprime también la lista de elementos que encontrar y dáselos a tu peque con un rotulador.

2 Pon un dedo de agua en el fondo de la bandeja y diluye unas gotas de pintura. Coloca el vaso en la bandeja y muestra a tu peque cómo, al ir moviéndolo, se va descubriendo lo que hay en el dibujo subyacente.

Tips e ideas

» Puedes crear una **variante** de esta actividad que **no necesita agua.** Se trata de meter la hoja con los elementos que encontrar pegada en un trozo de cartón, en una **bolsa de cierre hermético.** Luego se mete **arroz hasta tapar la hoja, y el peque tendrá que ir apartándolo para descubrir lo que hay debajo** (si quieres teñir el arroz, puedes leer cómo se hace en la primera actividad de esta sección, donde te enseño a crear botellas sensoriales). En el ejemplo que te muestro más abajo, introduje una hoja con muchas letras escritas a mano. En la lista que le di a mi peque, escribí las vocales porque eran las letras que me interesaba que practicara en ese momento.

¡Escanea para más ideas!

PALIPUZLES

Los palipuzles son una actividad sencilla y versátil que encantará a los niños. Con unos cuantos palitos bajalenguas y una foto o dibujo, puedes crear un rompecabezas adaptado a la edad y nivel de tu peque. La dificultad depende del tamaño y número de palitos que uses, así como de lo compleja que sea la imagen elegida.

Puedes añadir números en los palitos como pista para que le resulte más fácil ordenarlos. Es una actividad perfecta para estimular la lógica, la concentración y la motricidad fina de los niños, mientras se lo pasan en grande. También les encantará crear un palipuzle usando un dibujo hecho por ellos.

Necesitas:

* Palitos bajalenguas
* Foto o dibujo
* Tijeras
* Pegamento de barra
* Cúter
* Rotuladores de colores

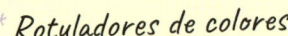

1 Pega con pegamento de barra la foto o dibujo en los palitos, previamente alineados. Haz un pequeño cálculo previamente, para estimar cuántos palitos vas a necesitar.

2 Corta los palitos con el cúter para volver a separarlos con la porción de imagen ya pegada. Escribe con rotulador los números de los palitos correlativamente si decides añadir esta pista visual.

Tips e ideas

» ¡Haz que tus palipuzles sean aún más especiales utilizando **fotos familiares**! A tu peque le encantará **descubrir a sus seres queridos** mientras coloca los palitos en su lugar. Además, crear palipuzles con fotos o dibujos personalizados es una idea preciosa para felicitar la Navidad o sorprender a los compañeros del cole en un cumpleaños. Es un **detalle único, creativo y económico** que seguro que sorprenderá a todo el mundo.

10
MARCAPÁGINAS

Como dijo Neil Gaiman, «un libro es un sueño que una persona sostiene en sus manos». Fomentar el amor por la lectura en nuestros hijos, además de alimentar su imaginación, les ayuda a desarrollar un espíritu crítico, cuestionar su entorno y contrastar las fuentes de información, habilidades esenciales en el mundo de hoy.

Cultivar este amor por los libros y la lectura es un proceso que se construye con el tiempo y con múltiples pequeñas acciones. Entre ellas, crear puntos de libro tan bellos y originales como estos, puede ser una forma creativa y significativa de acercarlos aún más a ese maravilloso hábito que es la lectura.

Necesitas:

* Descargables impresos
* Rotuladores o lápices de colores
* Tijeras
* Pegamento

Paso a paso

1 Imprime y recorta los marcapáginas que encontrarás escaneando el código QR más abajo. Verás que viene un set unido por una tira y otro suelto. Si tu peque tiene menos de 6 años, necesitará asistencia recortando.

2 Deja que tu peque coloree las mariposas a su gusto. Dobla el marcapáginas por las líneas de puntos como ves en la imagen. Por el lado que no tiene dibujo, puedes pegar el set de alas que viene suelto y así la mariposa quedará más realista.

Tips e ideas

» Para hacer los marcapáginas aún más especiales, podéis aprovechar la tira de papel que une los extremos para **escribir dedicatorias o frases inspiradoras relacionadas con el mundo de la lectura.**

» Aquí va una de mis frases favoritas relacionadas con los libros: «La lectura nos da un lugar adonde ir cuando tenemos que quedarnos donde estamos». Es una frase preciosa de Mason Cooley.

¡Imprime los marcapáginas aquí!

11

ROBOT ARTISTA

En esta actividad utilizaremos nuestra creatividad para fabricar un artefacto casero con materiales sencillos que dibuja de forma autónoma: el robot artista. Esta es una propuesta que combina arte y ciencia, y permite a los peques explorar conceptos básicos de tecnología mientras se divierten.

Este pequeño robot dibuja de forma autónoma gracias al movimiento de un motor vibrador de un pequeño electrodoméstico que ataremos a unos rotuladores. Los peques de cualquier edad van a disfrutar observando el robot, y a partir de los 4 años podrán ayudar a montarlo.

Necesitas:

* Batidora de leche
* Rotuladores de colores
* Vaso de cartón
* Cinta adhesiva
* Papel para cubrir una superficie grande

1 Coloca 5 o 6 rotuladores alrededor del vaso de cartón y pégalos con cinta. Intenta que todos se apoyen en la mesa a la vez para que puedan trazar líneas en el papel cuando pongáis el robot en movimiento. Pega la batidora con cinta encima del vaso. ¡Ya está listo el robot! Cubre una superficie amplia con papel para poder probarlo.

Tips e ideas

» El **movimiento vibratorio** es la clave para que el robot artista dibuje, por lo que cada pequeño cambio en este aspecto puede generar patrones diferentes. Podéis experimentar con **distintos tipos de motores que vibren**, como cepillos de dientes, un móvil antiguo en modo vibración o un juguete que funcione a cuerda.

» También podéis probar con **diferentes rotuladores, lápices** o incluso **ceras** y cambiar el número de patas del robot para que los dibujos vayan variando.

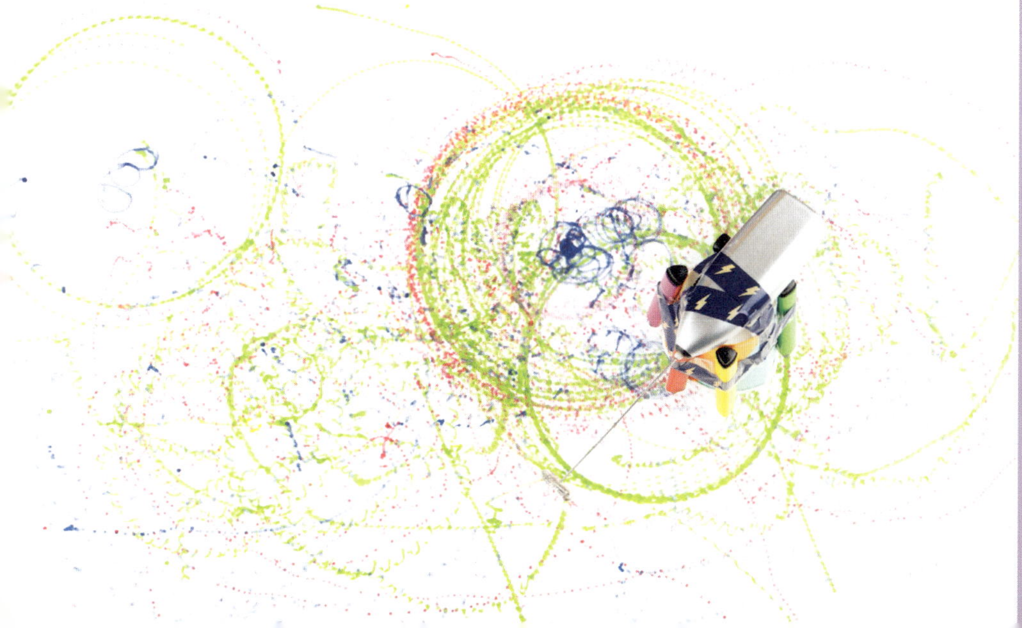

BOTELLA DE LA LLUVIA

La botella de la lluvia es una adaptación moderna de un instrumento ancestral: el palo de lluvia, originario de las culturas indígenas de América del Sur. Este instrumento se utilizaba para imitar el sonido de la lluvia y, en ocasiones, en rituales para invocarla.

En esta versión casera, los peques podrán explorar cómo varían los sonidos según lo que metan en su interior. Al girar y mover lentamente la botella, recrearán el relajante murmullo de la lluvia. Si prestan atención, descubrirán que los elementos más ligeros, como la sal, caen rápidamente, mientras que otros más grandes, como las lentejas, producen sonidos más profundos. Además, si la decoran a su gusto, le añadirán un toque personal a este proyecto lleno de historia, arte y creatividad.

Necesitas:

* Botella de plástico
* Palos
* Tijeras
* Lentejas o arroz
* Sal o azúcar
* Pegamento líquido
* Pintura acrílica
* Algodón

AGUJETAS MATERNALES

1 Utiliza una botella de plástico resistente y coloca entre 10 y 15 palos delgados o ramas cortadas al tamaño de la botella. Esto ralentizará el movimiento de los materiales que metas y hará que se deslicen de forma irregular, produciendo diferentes sonidos.

2 Introduce en la botella arroz, lentejas y sal (unas dos cucharadas de cada uno) para obtener sonidos variados. También puedes probar cómo suena cada uno de ellos por separado. Cierra bien el tapón y gira la botella lentamente para disfrutar del susurro de lluvia.

Tips e ideas

» Deja que tu peque **decore la botella a su gusto** con pintura o rotuladores acrílicos. Si lijas ligeramente la superficie del plástico de la botella, conseguirás que la pintura se fije mejor.

» Aquí te muestro esta botella en la que **forramos el tapón utilizando cola blanca y algodón** para que pareciese una nube. La textura de las nubes que están dibujadas en la botella la conseguimos con una **esponja mojada** en un poco de **pintura** de color blanco y distintos tonos de azul.

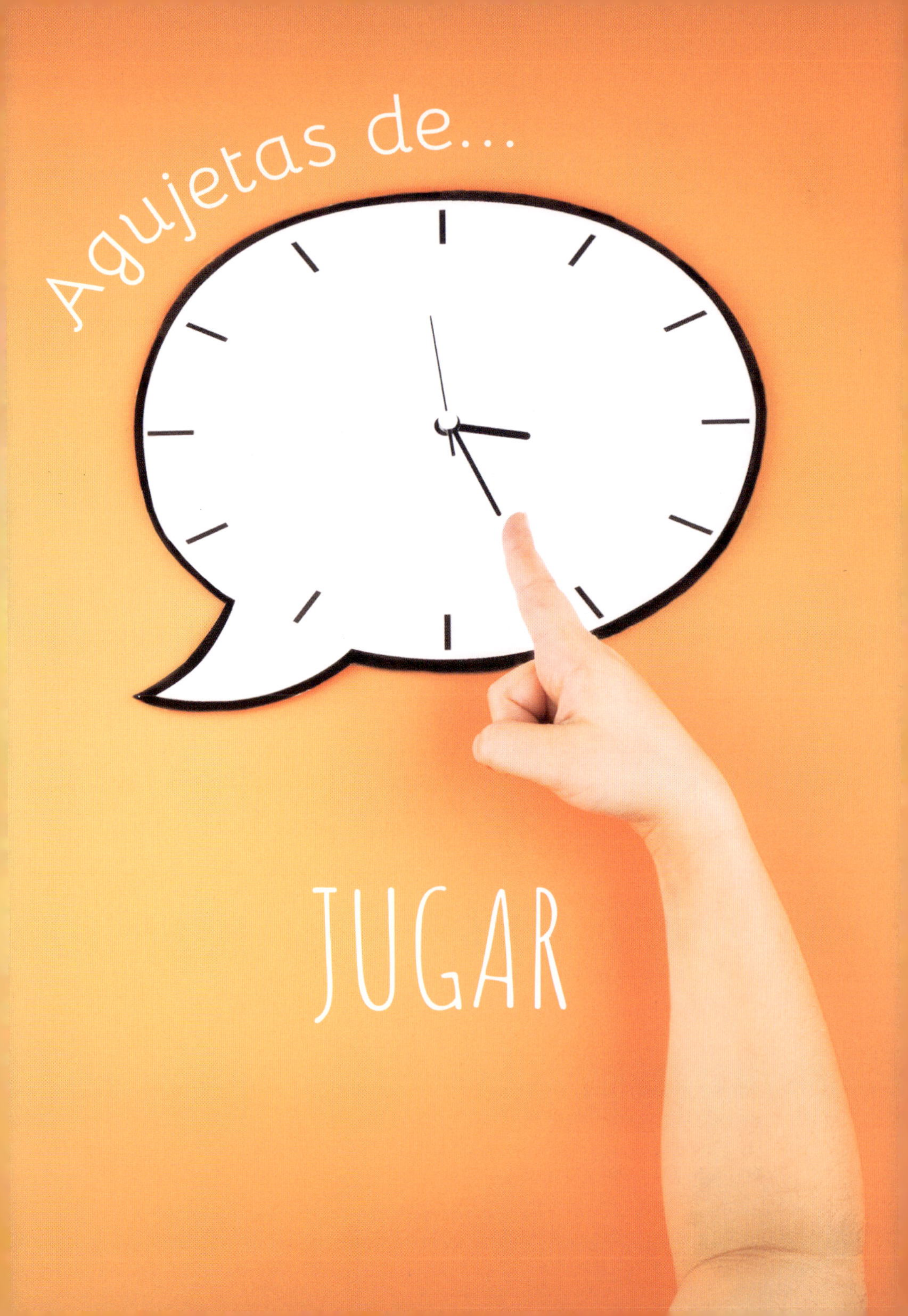
Agujetas de...
JUGAR

CAPÍTULO 4

AGUJETAS DE JUGAR

De momentos difíciles a recuerdos felices

Seguro que te ha pasado: estás en un restaurante esperando que llegue la comida tras una intensa mañana de juegos en la playa. Los peques, cansados y hambrientos, empiezan a inquietarse: uno intenta trinchar el pan con los cubiertos, mientras el otro golpea los platos contra la mesa. Los minutos se alargan, y notas las miradas de los comensales a tu alrededor clavándose en tu nuca.

¿Qué haces ante esa situación? Tal vez levantes la voz para imponer orden, aunque eso podría acabar en lágrimas. O quizás optes por negociar, con el postre como moneda de cambio, para ganar tiempo. Incluso podrías dejarles el móvil para ver unos dibujos, aunque sabes que eso acabará en un berrinche cuando llegue el momento de apagarlo, y creará una asociación poco deseada entre «esperar» y «pantalla».

Como ya sabes, ninguna de estas alternativas suele mejorar la situación. Los gritos, chantajes y amenazas solo empeoran el ambiente y la relación con tus hijos, y el móvil es un alivio momentáneo que pasa factura después. En mi experiencia, jugar siempre es la mejor solución para amenizar una espera con niños. Ya sea en un restaurante, en la sala de espera del médico o en un viaje largo, un juego sencillo puede transformar un momento incómodo en tiempo de calidad en familia.

Estos ratos, que de otro modo solo traerían frustración, se convierten en una oportunidad para conectar y divertirse juntos, mientras trabajáis aspectos importantes del desarrollo de los peques. Algunas de estas propuestas están inspiradas en dinámicas de Ivan Brett, uno de nuestros referentes en el arte de transformar las esperas en oportunidades de conexión. Te animo a probar estos 12 juegos para esperas que serán tu as en la manga cuando más los necesites. Descúbrelos y verás cómo, además de disfrutar, transformas esos momentos difíciles en recuerdos felices.

2+ · 15 min

DETECTIVE EN LA MESA

Encuentra lo que falta en la mesa como un auténtico detective. Este juego es muy divertido y perfecto para entretener a los peques durante las esperas en restaurantes o durante sobremesas largas en comidas familiares. La dinámica es sencilla y los peques a partir de 3 años se lo pasarán genial.

¿Cómo se juega?

Un jugador es el «detective» y tiene que fijarse bien en todos los elementos que hay sobre la mesa. A continuación, cierra los ojos. Los demás se ponen de acuerdo para esconder un objeto que haya a la vista, y el detective puede volver a abrir los ojos. Tendrá que averiguar qué elemento se ha escondido. Para ello tiene tres oportunidades. Cada vez que un detective acierte, gana un punto. El ganador del juego será el detective que más puntos acumule después de las rondas que se acuerde jugar.

Subir de nivel

Según avancen las rondas, cada vez os acordaréis mejor de lo que hay en la mesa. Si queréis subir el nivel de dificultad, podéis poner un límite de tiempo (30 segundos, por ejemplo) o dar solamente una oportunidad al detective para que adivine qué objeto falta en la mesa.

Necesitas

Estar delante de una mesa llena de cosas

2
¡PÁSAME ESO!

Haz mímica para que adivinen lo que pides..., ¡sin que se te escape ni una palabra! Las risas están aseguradas con este juego para mayores y peques a partir de 4 años. Es ideal para amenizar cualquier tipo de espera, excepto los viajes en coche, donde la visibilidad entre los asientos puede complicar la dinámica.

Necesitas

Echarle ingenio para expresarte a través de la mímica

¿Cómo se juega?

Un jugador comienza diciendo «Por favor, pásame...» y luego representa solo con gestos (sin hablar ni emitir sonidos) lo que desea recibir. Los otros jugadores intentan adivinar qué objeto o acción está representando. El primer jugador que acierte de qué se trata, recibe un punto y se convierte en el siguiente en hacer la mímica. El juego continúa hasta que todos hayan tenido la oportunidad de hacer mímica varias veces o hasta que se decida parar.

Subir de nivel

Para aumentar la dificultad del juego, podéis pedir cosas que no estén a la vista de los participantes. Así, eliminaréis cualquier pista visual que pueda facilitar las respuestas, y el juego será mucho más desafiante.

PARECIDOS ASOMBROSOS

Busca conexiones sorprendentes entre cosas que, aparentemente, no tienen nada que ver. El reto es encontrar lo que tienen en común. ¡Prepárate para poner a prueba tu creatividad! Los peques a partir de 4 o 5 años pueden empezar a jugar con símiles sencillos.

¿Cómo se juega?

El jugador 1 escoge una palabra. Por ejemplo, «tiburón». El jugador 2 establece una comparación con otro elemento, diciendo «Un tiburón es como un tenedor. Los dos tienen dientes afilados». El jugador 1 continúa con otro símil de la segunda palabra: «Un tenedor es como un clip. Ambos sirven para coger cosas». El jugador 2 continúa con la nueva palabra: «Un clip es como un espagueti cocido. Los dos se pueden doblar con facilidad». Y así sucesivamente. No hay ganadores, el objetivo es divertirse.

Necesitas

Para este juego no necesitas nada más que tu creatividad e imaginación

Subir de nivel

El jugador 1 escoge un elemento (por ejemplo, «un gato») y el jugador 2 establece una comparación con algo. Por ejemplo, dice: «Es como un *ninja*». El jugador 1 debe adivinar por qué, proporcionando una razón. Por ejemplo, «¿Porque ambos se mueven sin hacer ruido?». El jugador 2 confirma si esa es la razón que había pensado, o proporciona la suya. Para continuar en la siguiente ronda, el jugador 1 utiliza el último término y hace otro símil: «Un *ninja* es como un rayo». El jugador 2 intenta adivinar dónde está el parecido entre ambas palabras. Y así, sucesivamente.

CAZACOLORES

En este juego tienes que encontrar objetos del color asignado antes que nadie. Esta propuesta es muy divertida para jugar con varios niños, aunque también te ayudará a entretener a uno solo en un rato aburrido. Los peques a partir de 2 o 3 años ya pueden jugar a *Cazacolores*.

Necesitas

Puedes descargarte las tarjetas de colores en el QR, o jugar diciendo los nombres de los colores

¿Cómo se juega?

Cada jugador recibe una tarjeta con un color determinado (o se le dice un color si no hay tarjetas). Luego, deben buscar objetos a su alrededor que se correspondan con el color asignado. El primer jugador en encontrar un número acordado de objetos de su color, gana esa ronda y puede elegir el siguiente color para los demás jugadores. Puedes dar la opción de que se muevan para buscar los colores, o de que tengan que visualizarlos desde el sitio en el que se encuentran.

Subir de nivel

Otra forma de jugar un poco más difícil, es dar un tiempo determinado en el que los peques tienen que memorizar todos los objetos de ese color que hay a su alrededor, y al terminar el tiempo (1 minuto, por ejemplo), gana el que más objetos haya sido capaz de recordar con los ojos cerrados.

PALABRAS PROHIBIDAS

Consigue que los demás adivinen el «término secreto» sin usar las palabras prohibidas, y ganarás el juego. Esta actividad es muy recomendable para fomentar la creatividad, ya que nos obliga a buscar soluciones nuevas para problemas conocidos. Los peques a partir de 5 o 6 años pueden jugar.

¿Cómo se juega?

Un jugador toma una tarjeta de la pila y debe definir la palabra escrita en la parte coloreada de la tarjeta, sin usar las tres palabras prohibidas listadas. Los otros jugadores intentan adivinar la palabra basándose en la definición dada. Si alguien acierta, se pasa el turno a ese jugador y se repite el proceso. Se gana un punto por cada palabra que se haya conseguido definir. Siempre se comprobará que no se haya dicho ninguna palabra prohibida.

Necesitas

Las tarjetas imprimibles en el QR que tienes en esta página

Subir de nivel

Si hay cuatro o más jugadores, se pueden hacer equipos. En este caso, el jugador que está definiendo el término de la tarjeta lo hace para que lo adivine alguien de su equipo. Uno de los jugadores del equipo contrario puede vigilar que no diga ninguna de las palabras listadas como prohibidas. Para una mayor dificultad, se puede añadir un límite de tiempo.

128

15 min

2+

6 BINGOS VISUALES

Observa con atención el tablero, localiza los elementos en tu entorno y canta «¡bingo!». Esta actividad mantiene a los niños entretenidos en diversas situaciones de espera, y fomenta su observación del entorno. Es un juego que puede interesarles a partir de los 3 años.

Necesitas

Tableros de bingo descargables en el código QR de esta página y un rotulador o lápiz

¿Cómo se juega?

Cada jugador recibe un cartón de bingo con imágenes de elementos que pueden encontrar a su alrededor. A medida que encuentran dichos elementos, tachan las imágenes correspondientes en su cartón. El primero en completar una línea (horizontal o vertical) grita «¡línea!» y gana 1 punto. Quien consiga visualizar el tablero completo gritará «¡bingo!» y ganará 3 puntos.

Subir de nivel

Para hacerlo más difícil, puedes ir guiando el juego y pedir que encuentren «algo de color rojo» dentro de los elementos que tienen en su tablero. El primer jugador en encontrarlo se lleva 1 punto. A esto se añadirían las puntuaciones por línea y bingo.

20 PREGUNTAS

Descubre el secreto que esconde el «guardián», haciendo preguntas ingeniosas. Entre todos los jugadores tendréis que averiguar el animal, vegetal o mineral que ha pensado el «guardián del secreto», con un máximo de 20 preguntas. Los peques a partir de 5 o 6 años podrán jugar.

¿Cómo se juega?

Un jugador, llamado «el guardián del secreto», escoge un elemento que puede ser animal, vegetal o mineral y lo escribe en un papel. Los demás jugadores le hacen preguntas que se puedan responder con «sí» o «no», tratando de adivinar el elemento. El máximo de preguntas permitidas es 20. Se intenta adivinar el elemento en el menor número de preguntas posible. Es un juego colaborativo, lo que quiere decir que ganan o pierden todos los jugadores que preguntan. El jugador que adivina la respuesta se convierte en el siguiente «guardián del secreto».

Necesitas

Nada más que tu capacidad para la escucha activa y la deducción

Subir de nivel

Si queréis simplificar el juego para los más pequeños, podéis limitar el elemento secreto a una sola categoría. Por ejemplo, solo animales.

Para complicar el juego, podéis reducir el número de preguntas a 15, o poner un límite de tiempo para adivinar el secreto. También podéis ampliar o variar el número de categorías que entran en la selección del elemento. Por ejemplo, emociones, personajes históricos, países... Todo depende de la edad y conocimientos de los participantes. También es divertido dejar que siga preguntando el mismo jugador mientras la respuesta que le dé el guardián sea «sí».

LA HISTORIA INTERMINABLE

Crea historias disparatadas e interminables, dignas del mejor diálogo para besugos. Este juego fomenta la creatividad y la imaginación, y promueve la atención y la escucha activa, además de ser superdivertido. Los peques a partir de 5 o 6 años podrán participar.

Necesitas

No necesitas nada más que tu imaginación, pero también puedes echar un vistazo a una lista de conectores en este QR

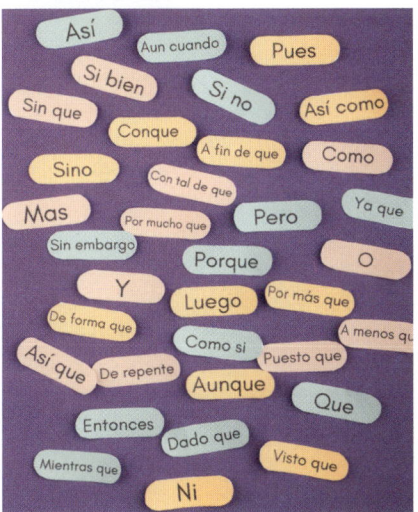

¿Cómo se juega?

Un jugador comienza contando una historia con una frase inicial. El siguiente jugador debe añadir un conector (como, porque, además, ya que, etc.). Y al siguiente le toca continuar la frase teniendo en cuenta el conector añadido por el jugador anterior. Los jugadores continúan turnándose, uno agregando un conector y el siguiente extendiendo la historia. En caso de que sean jugadores pares, se va alternando el sentido de los turnos para que no toque siempre a los mismos jugadores poner conectores.

Subir de nivel

Para hacer el juego más divertido, cada jugador tiene solo 10 segundos para pensar en su continuación. Si no logra hacerlo a tiempo, queda eliminado o pierde un turno.

SÍ/NO BLANCO/NEGRO

Responde rápidamente a las preguntas de los demás jugadores sin decir las palabras prohibidas: «sí», «no», «blanco» o «negro». Este es un juego genial para fomentar el uso de vocabulario variado y desarrollar el ingenio. Los niños a partir de los 5 o 6 años ya podrán divertirse jugando.

¿Cómo se juega?

Un jugador responde a las preguntas de los demás. No puede contestar con «sí», «no», «blanco» o «negro»; si lo hace, otro jugador ocupa su lugar. Para añadir emoción, cada respuesta debe darse en menos de 5 segundos. Los demás jugadores intentan formular preguntas capciosas pensadas para que la respuesta más natural sea una de las palabras prohibidas, con lo que se logra que el que responde caiga en la trampa. Si se equivoca, quien ha hecho la última pregunta ocupa su lugar.

Necesitas

Una mente rápida para no caer en las trampas de los demás participantes

Subir de nivel

Si el jugador que responde utiliza constantemente la misma expresión (por ejemplo «es posible» o «ajá»), podremos añadir esas respuestas a la lista de palabras prohibidas para estimular la variedad y creatividad a la hora de responder.

ANIMALES ALITERADOS

Da rienda suelta a tu imaginación aplicando adjetivos a animales que comiencen por la misma letra. Te sorprenderán las locas combinaciones que salen en este juego, y la cantidad de vocabulario que tus peques (a partir de 5 años) aprenderán cada vez que juguéis.

Necesitas

Nada. Solo tu memoria para recordar todo el vocabulario que conoces

¿Cómo se juega?

Cada jugador se inventa un animal y un adjetivo que empiecen con la misma letra (aliteración), por ejemplo, iguana interesante, león longevo o serpiente silenciosa. Los jugadores se turnan para crear estas combinaciones, y no pueden repetir un animal o un adjetivo ya usado. Si un jugador se queda en blanco o repite alguna palabra ya dicha, pierde el turno. ¡Preparaos para los animales más locos y divertidos que podáis imaginar!

Subir de nivel

Es interesante ir apuntando las parejas de palabras más graciosas que salgan durante el juego, y utilizarlas como base para hacer un dibujo o crear un cuento en el que estos personajes sean sus protagonistas. ¿Te imaginas cómo serán un mosquito malhumorado, un perro patoso o un hipopótamo hiperactivo?

NUESTRO *TOP TEN*

Descubre los gustos y preferencias de todos los miembros de la familia al crear listas únicas. Este juego proporciona una oportunidad para compartir intereses y descubrir nuevas cosas sobre los demás. Con la ayuda de los mayores, hasta los peques de 3 años podrán participar.

¿Cómo se juega?

Un miembro de la familia elige un tema para la ronda (por ejemplo, películas, comida, libros, lugares para visitar, etc.). Todos los participantes deben escribir su *top ten* en relación con ese tema. Una vez que todos hayan completado sus listas, se comparten y se explica el porqué de cada elección. El objetivo es saber más sobre las preferencias y gustos de los miembros de la familia. Si los peques no saben escribir, se puede consensuar la lista entre todos y que la escriba uno.

Necesitas

Una hoja de papel y un lápiz por participante

Subir de nivel

Si a los peques se les hace complicado pensar en 10 elementos, podéis dejarlo en 5 y hacer vuestro *top five*. Es divertido intentar adivinar las preferencias de los otros antes de ponerlas en común. Te darás cuenta de lo mucho que conoces a tu familia (o de lo poco o mucho que ellos te conocen a ti).

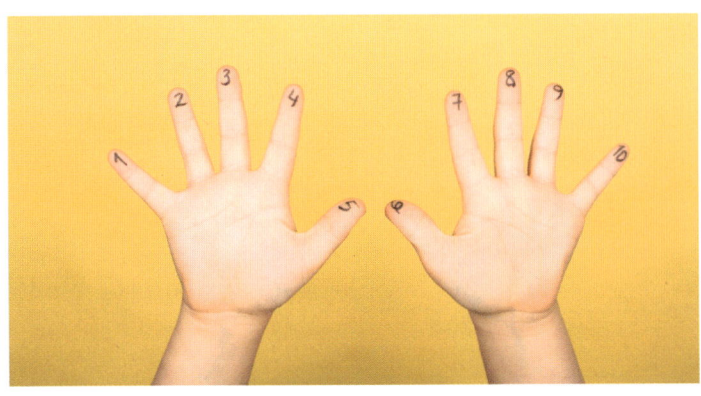

CAJAS

¡Conecta y gana! En este sencillo y entretenido juego unirás puntos para formar cajas. Eso sí, ten cuidado porque cada línea que dibujes puede darle ventaja a tu oponente. Es una actividad muy divertida a partir de 5 o 6 años, ideal para mejorar la concentración y el pensamiento estratégico.

Necesitas

Papel con una retícula de 10 x 10 puntos (puedes descargártela en el QR) y un lápiz o rotulador

¿Cómo se juega?

Se dibuja una retícula de 10 x 10 puntos en un papel. Los jugadores, por turnos, dibujan una línea vertical u horizontal que una dos puntos adyacentes. Cuando un jugador cierra un cuadrado, pone su inicial en el centro de dicho cuadrado y puede dibujar otra línea. El juego continúa hasta que todos los cuadrados posibles estén cerrados. El jugador con más cuadrados cerrados al final de la partida, gana.

Subir de nivel

Cambia la retícula a 15 x 15 puntos o hazla incluso más grande para que las partidas sean más largas y estratégicas. También podéis acordar que los jugadores solo puedan trazar líneas horizontales en un turno y verticales en otro, lo que obliga a pensar más a largo plazo.

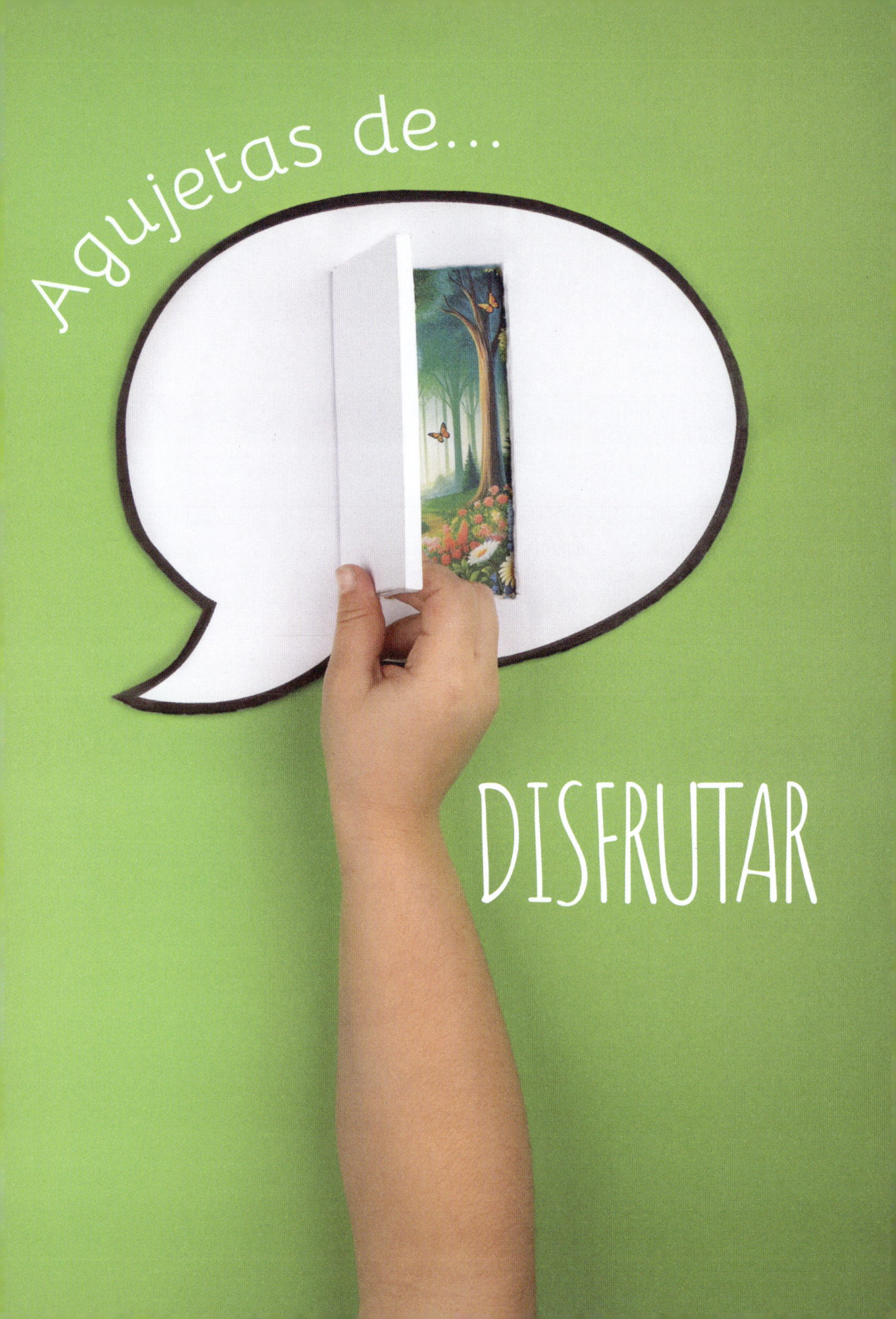
Agujetas de...
DISFRUTAR

CAPÍTULO 5

AGUJETAS DE DISFRUTAR

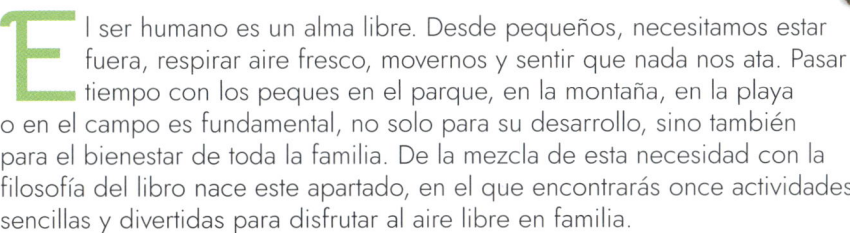

Explorar al aire libre coleccionando momentos y... alguna piedrecita

El ser humano es un alma libre. Desde pequeños, necesitamos estar fuera, respirar aire fresco, movernos y sentir que nada nos ata. Pasar tiempo con los peques en el parque, en la montaña, en la playa o en el campo es fundamental, no solo para su desarrollo, sino también para el bienestar de toda la familia. De la mezcla de esta necesidad con la filosofía del libro nace este apartado, en el que encontrarás once actividades sencillas y divertidas para disfrutar al aire libre en familia.

Te propongo desde actividades en las que recolectaremos pequeños tesoros naturales como punto de partida para proyectos creativos, pasando por dinámicos juegos que nos acercarán a la naturaleza y nos harán reflexionar sobre la importancia de su cuidado ayudándonos a descubrir y conocer mejor el entorno natural que nos rodea, hasta propuestas para redescubrir los juguetes de casa de una forma diferente al aire libre, ya sea en el parque, en el campo o en el jardín. Todas las actividades han sido diseñadas siguiendo el principio de la sencillez, poniendo siempre el disfrute máximo de los peques en el centro.

Es cierto que alguna de estas actividades puede ensuciar un poco más que el resto de propuestas del libro, pero eso es parte de la diversión. Están pensadas para que los niños jueguen de forma más libre, experimentando sin límites en contacto directo con la naturaleza o a través de ella.

Así que... prepárate para unas manos algo sucias, bolsillos repletos de «tesoros» y muchas risas. Porque nada sienta mejor que un día al aire libre: un poco de barro en los zapatos, aventuras que quedarán grabadas en la memoria y, si os animáis a guardar en un frasco los «tesoros» recogidos durante la salida (como os propongo en la segunda actividad de esta sección), siempre tendréis una forma de recordar esos momentos especiales.

1

PULSERAS SILVESTRES

La belleza del mundo natural es abrumadora, inabarcable. Tal vez por eso, cuando nos sumergimos en la naturaleza, sentimos el impulso de llevarnos un fragmento de esa maravilla con nosotros. ¿Quién no ha recogido flores silvestres en primavera o cantos rodados a la orilla de un río, un lago o el mar? Esta actividad ofrece una forma original de capturar esa belleza natural, transformando un ramito de flores en una pulsera con algo tan simple como cinta adhesiva. Los más pequeños disfrutarán eligiendo y organizando hojas y flores mientras dan forma a su propio diseño. Es una manera fácil y divertida de fomentar su amor por la naturaleza.

Necesitas:

* Cinta adhesiva ancha
* Tijeras
* Flores silvestres
* Hojas silvestres

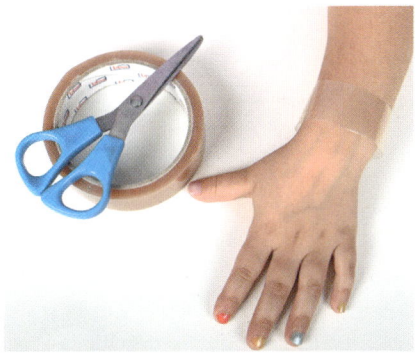

Paso a paso

1 Coloca en la muñeca de tu peque un trozo de cinta adhesiva ancha con la parte pegajosa mirando hacia fuera. Deja una cierta holgura para que no le moleste.

2 Muéstrale cómo se pegan las flores y anímale a que pruebe a pegar trocitos de hojas, pétalos sueltos o semillas para decorar su pulsera silvestre.

Tips e ideas

» También puede ser una actividad genial para **aprovechar un ramo** de flores que os hayan regalado con motivo de alguna celebración.

» También puedes utilizar esta técnica poniendo **cinta en un marco de cartón** para que lo llenen de sus flores y hojas favoritas.

2
AVENTURAS EN UN FRASCO

En pleno invierno, es fácil soñar con la cálida arena de la playa bajo tu espalda, y parece que falta una eternidad para volver a disfrutar de esa sensación. Hay lugares a los que siempre queremos regresar, a algunos lo haremos, y otros quedarán solo en el recuerdo. Esta actividad tan sencilla y preciosa nos transporta de un vistazo a esos lugares especiales de nuestra vida. Para nosotros, las playas del Algarve, donde hemos pasado tantos veranos, son uno de esos sitios. Un año, en la playa de Monte Clérigo, vimos a un niño jugando con un pulpo en una poza. Lo atrapaba con una habilidad increíble y lo volvía a soltar. Esos rincones y momentos son a los que nos gusta volver, aunque solo sea en un suspiro de una fría mañana de diciembre.

Necesitas:
* Frasco de conservas con tapa
* Elementos naturales de un mismo lugar
* Animales de juguete (opcional)
* Fotografía de ese lugar (opcional)

AGUJETAS MATERNALES

Paso a paso

1 La próxima vez que visites un lugar natural especial con tus peques, recoged elementos naturales que os recuerden a él. Intentad que algunos sirvan de base, como arena, piedrecitas o grava, y otros sean más grandes para colocar encima.

2 Cuando tengáis los elementos, encontrad un tarro con tapa donde los podáis acomodar bien. Pensad si algún animal o foto puede intensificar el recuerdo de vuestra aventura en ese frasco.

Tips e ideas

» Esta actividad es ideal para hacer con **recuerdos de la casa de los abuelos** si viven en un pueblo o cerca de un paraje natural. Tener una porción de ese entorno tan entrañable y lleno de amor en casa junto con una fotografía hará que los sintamos más cerca.

3

NATURALEZA CREATIVA

La naturaleza es una fuente infinita de inspiración: sus colores, sus sonidos, y su armonía han sido musas de innumerables artistas a lo largo de la historia, y sin duda lo serán también para los pequeños creadores que tenemos en casa. ¿Por qué no aprovechar los materiales naturales como lienzo para expresar nuestra creatividad?

Incluso los más peques a partir de 2 años pueden disfrutar de este tipo de actividad. Por eso te sugiero llevar un estuche con rotuladores para materiales (también conocidos como rotuladores acrílicos) en tus salidas a la naturaleza. Como decía Picasso: «La inspiración existe, pero tiene que encontrarnos trabajando», y para eso es clave tener nuestras herramientas siempre a mano.

Necesitas:

* Piedras, conchas, palos, piñas, bellotas, o cualquier material natural que recojáis

* Rotuladores acrílicos o de materiales

AGUJETAS MATERNALES

Paso a paso

1 Recopila materiales naturales que sirvan de lienzo para esta aventura creativa. Todas las estaciones y parajes naturales ofrecen materiales maravillosos para decorar y jugar. Aquí tienes algunos ejemplos.

2 Podéis colorear con rotuladores acrílicos directamente cualquier superficie. Si los colores no cubren lo suficiente sobre superficies oscuras, podéis dar dos capas, o primero una capa de pintura blanca y colorear cuando se seque.

Tips e ideas

» Los **cantos rodados** y **las conchas** son fantásticos para hacer **fichas de tres en raya,** como ves en la página de la izquierda.

» Puedes dejarte inspirar por la **forma de las piedras o palos** para crear elementos de juego como frutas y verduras y **jugar al mercado** en medio de la naturaleza.

¡PÁSAME ESA POMPA!

¿Qué tienen las pompas de jabón que fascinan tanto a los más pequeños? Tan bellas como efímeras, cuando logras tocarlas… ¡desaparecen! Esas esferas perfectas, ligeras y etéreas reflejan el mundo a su alrededor en un caleidoscopio de colores, solo para estallar en un instante en mil diminutas gotas.

Las pompas de jabón tienen algo mágico. Con esta actividad, podremos jugar con ellas, dándoles toques como si fueran pelotas etéreas. Los niños se quedarán maravillados, y es tan fácil de preparar que te preguntarás cómo no lo habías hecho antes.

Necesitas:

* Agua
* Lavavajillas líquido
* Azúcar
* Pompero
* Guantes de lana o algodón

Paso a paso

1 Mezcla dos cucharadas de azúcar, 1 cucharada de lavavajillas líquido y 2 cucharadas de agua en un pompero y ya tienes la mezcla lista para jugar con tu peque. Ponle un guante de lana o algodón para que pueda jugar con las pompas.

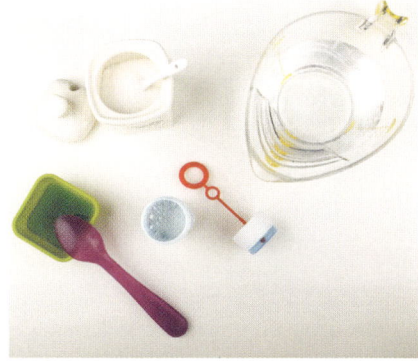

Tips e ideas

» Esta mezcla **funciona mejor recién hecha**, ya que el azúcar tiende a depositarse en el fondo según va pasando el tiempo y al hacerlo no forma la capa elástica que permite llevar a cabo la actividad.

» Para conseguir un **extra de resistencia** puedes añadir una **cucharadita de glicerina** a la mezcla y utilizar **agua destilada**.

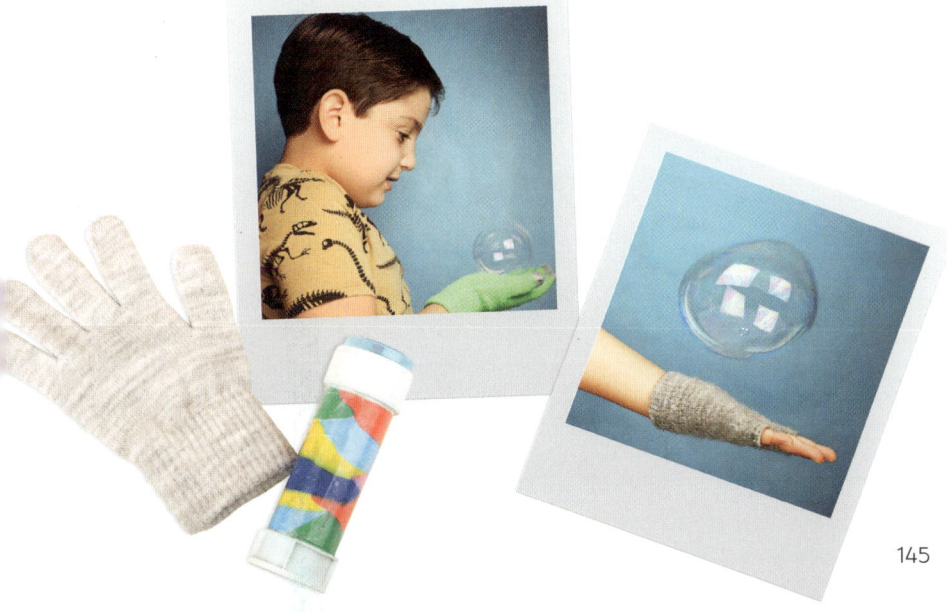

COMEDERO PARA PÁJAROS

¡Vamos a darle una sorpresa a los pajaritos del barrio! Crear un comedero con piñas, mantequilla de cacahuete y semillas no solo es fácil y divertido, sino que además os permitirá acercar la naturaleza a casa. Podéis colgar el comedero en un árbol del jardín, en el balcón, o incluso en un parque cercano para que más pájaros lo disfruten. Y lo mejor de todo es que podréis ver a los peques emocionarse cada vez que un pajarito se acerque a picotear. En los meses de frío, cuando a las aves les cuesta más encontrar comida, enseñaremos a los peques a estar atentos para rellenar los comederos con frecuencia. ¡Preparad las cámaras, porque vais a tener visitantes alados de lo más agradecidos!

Necesitas:
* Piñas
* Cuerda
* Tijeras
* Pegamento termofusible
* Mantequilla de cacahuete
* Semillas para pájaros

AGUJETAS MATERNALES

Paso a paso

1 Corta un trozo de cuerda y haz un nudo para formar un lazo que te permita colgar la piña. Luego, con una pistola de pegamento caliente, fija un extremo de la cuerda en la parte superior de la piña.

2 Rellena, con ayuda de tus peques, los espacios internos de las escamas de la piña con la mantequilla de cacahuete. Luego reboza con semillas para pájaros y lo tenéis listo para colgar en un árbol.

Tips e ideas

» A los **pajaritos les encanta** este comedero, que es muy fácil de hacer. Cuélgalo de una **rama visible** y espera un rato con los peques hasta que los pájaros se acerquen. Si tienes un árbol o una planta cerca de la ventana y colocas el comedero con frecuencia, los **pájaros aprenderán a visitarlo** para buscar alimento.

» Asegúrate de que las **piñas** estén **secas** antes de montar el comedero, ya que así las **escamas estarán abiertas**, lo que facilita la tarea de rellenarlas con mantequilla de cacahuete. Las piñas cierran sus escamas cuando están mojadas para proteger sus semillas, lo que hace más difícil el montaje.

6
CAZADORES DE PISTAS

Esta actividad es superdivertida y convertirá vuestros paseos por el campo o la playa en auténticas sesiones de observación y dibujo al aire libre, ¡con risas y carreras incluidas! Los peques, a partir de 4 años, pueden comenzar a disfrutar de este juego, y te encantará ver cómo intentan plasmar lo que ven a su alrededor de una forma que todos puedan entender.

Es una propuesta que fomenta la observación atenta del entorno y, al mismo tiempo, les anima a expresarse y a descifrar los dibujos de los demás. ¿Qué habrá querido dibujar mamá? ¿Será una castaña lo que se ve ahí? ¿O esa forma ovalada es más bien una bellota? ¡Todo un reto para pequeños artistas y exploradores!

Necesitas:

* Cuaderno pequeño
* Lápiz o rotulador

Paso a paso

1 Dale a uno de los peques un bloc de notas o cuaderno con un lápiz o rotulador. Él será el dibujante. Dile que se dé un paseo y dibuje algo que vea y le llame la atención. El peque vuelve y se lo enseña a los demás, quienes tendrán que adivinar qué es lo que ha querido dibujar encontrándolo a su alrededor.

Tips e ideas

» Podéis jugar **por turnos** o hacer que **la persona que adivine** sea **quien dibuje** en la siguiente ronda. Los turnos son ideales cuando hay diferencias de edad y, por lo tanto, distintas habilidades a la hora de dibujar.

» Para añadir un **toque extra de diversión**, podéis establecer una **señal especial** que se emita **cuando alguien cree haber descubierto** lo que ha dibujado el compañero. Puede ser ladrar como un perro, hacer el sonido de una sirena o cantar una estrofa de una canción que os haga reír. El dibujante tendrá que comprobar si han acertado con la pista o si es momento de seguir buscando.

ARQUEÓLOGOS DE JUGUETES

¡Prepárate para convertir a los peques en pequeños arqueólogos por un día! Esta actividad, ideal a partir de los 4 años, les hará disfrutar mientras desentierran animales de juguete como auténticos exploradores. Solo necesitas una bandeja grande de vidrio o metal, una mezcla de maicena y agua, y dejar secar la mezcla de un día para otro. Los niños utilizarán utensilios para sacar los animales, imitando el emocionante trabajo de los arqueólogos, que a través de sus descubrimientos nos ayudan a entender el pasado de nuestro mundo. Es una actividad perfecta para hacer al aire libre, sin preocuparte por las manchas, y donde los pequeños podrán sentirse como verdaderos científicos mientras exploran.

Necesitas:

* Bandeja profunda
* Animales que rescatar
* Maicena
* Agua
* Colorante alimentario
* Una espátula y un martillo de juguete
* Brocha

1 Coloca los animales en una bandeja de horno. Puede ser metálica o de vidrio. También puedes utilizar una bandeja profunda de plástico.

2 Mezcla en un bol el doble de cantidad de maicena que de agua hasta que quede una mezcla viscosa. Si tienes, añade algo de colorante. Deja secar de un día para otro para que la mezcla se endurezca.

Tips e ideas

» Como puedes ver en las imágenes, las **herramientas de arqueólogo** pueden ser utensilios de cocina de juguete, martillo de madera, un mazo de mortero, palillos chinos y una brocha con la que se sentirán como auténticos profesionales.

» Aunque los peques se manchen la ropa no te preocupes, porque **la mezcla** no deja de ser harina y agua y **se irá fácilmente en la lavadora.**

8
RESCATE POLAR

En esta actividad, los peques tendrán que liberar a sus animales atrapados en el hielo, utilizando agua caliente o fría, sal, y herramientas como un martillo de juguete. El juego se transforma en una misión donde experimentarán con diferentes formas de derretir el hielo y descubrirán qué método funciona mejor.

Este juego sensorial es perfecto para que los niños exploren la textura y temperatura del hielo, que ya sabemos que les fascina. ¡Les encantará descubrir cómo cambia de sólido a líquido mientras rescatan a los animales que están atrapados dentro!

Necesitas:

* Molde de magdalenas
* Agua
* Animales de juguete
* Colorante alimentario (opcional)
* Congelador
* Tarros con agua fría y caliente y sal
* Martillo y cuentagotas

AGUJETAS MATERNALES

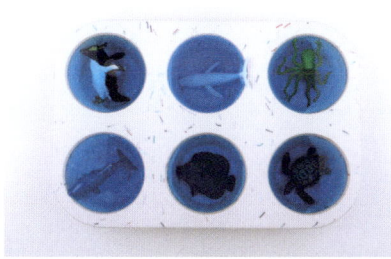

1 Coloca los animales en un molde para magdalenas y cúbrelos con agua. Puedes añadir un poco de colorante para que el hielo quede más bonito, aunque debes tener en cuenta que entonces el agua teñirá las manos.

2 Deja el molde en el congelador unas 4 horas. Cuando el agua se haya congelado, prepara una estación de rescate para tu peque con boles de agua fría y caliente, un recipiente con sal, cuentagotas y un martillo.

Tips e ideas

» Esta actividad es **ideal para peques curiosos**. Verán cómo la **sal acelera** que el hielo se derrita y cómo ocurre **más rápido en agua caliente** que en agua fría, lo que les ofrecerá una experiencia sensorial y educativa.

» Los **moldes para hacer polos** también funcionan muy bien para esta propuesta. Si quieres hacer **bloques de hielo más grandes,** puedes meter los animalitos **en globos**, llenarlos de agua y meterlos en el congelador.

9
ESTACIÓN DE LAVADO

¿Alguna vez te has planteado que las propuestas más sencillas suelen ser las preferidas por los peques? Si pruebas esta actividad, verás que es cierto. Una estación de lavado durante los meses de calor es una opción sensorial divertida y refrescante. Los niños lo pasarán muy bien limpiando sus animalitos de juguete mientras disfrutan del agua y experimentan con diferentes texturas. Además, es una excelente forma de fomentar el juego simbólico, ya que imitan tareas de cuidado y limpieza mientras desarrollan su motricidad fina. Solo necesitarás algunos recipientes con agua, esponjas, cepillos suaves y sus muñecos favoritos para crear un espacio lleno de imaginación y entretenimiento.

Necesitas:

* Tres fiambreras
* Agua
* Café o harina
* Animales de juguete
* Jabón de manos
* Utensilios de limpieza (esponja, cepillo, pulverizador de agua)
* Bayeta o trapo seco

AGUJETAS MATERNALES

154

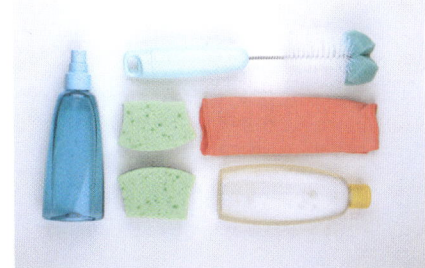

1 Coloca los animales en un recipiente grande y mánchalos con café soluble o harina y agua. Prepara otro recipiente para enjabonado, otro para aclarado y un lugar para dejar los animales limpios a secar.

2 Prepara utensilios para que tu peque pueda lavar los animalitos: cepillos, esponjas, pulverizador de agua, un bote con jabón de manos rebajado con agua y una bayeta seca para la estación de secado.

Tips e ideas

» Los **recipientes** pueden ser **fiambreras de plástico** de la cocina, o puedes escoger recipientes más grandes si tienes espacio.

» Como ves en las diferentes propuestas, solemos escoger una tipología de animales concreta para cada actividad, en este caso, los animales de una granja, ayudando así a que el peque aprenda qué **animales pertenecen a cada ecosistema.**

HOTEL PARA INSECTOS

Los insectos juegan un papel esencial en el equilibrio de la naturaleza, y esta actividad es una excelente forma de despertar la curiosidad de los peques por ellos. Al crear un hotel para insectos utilizando una simple botella de plástico, fomentamos la reutilización de materiales y ofrecemos a los niños a partir de 4 o 5 años la oportunidad de observar de cerca el fascinante mundo de estos pequeños seres. El hotel contará con tres ambientes: palitos o cañas de bambú, ideales para que las abejas solitarias depositen sus larvas; piñas, que se convertirán en el refugio favorito de arañas y escarabajos; y túneles hechos con palitos bajalenguas, perfectos para mariquitas y abejas.

¿Quién será el primer huésped de vuestro hotel?

Necesitas:

* Botella de agua grande
* Tijeras
* Cinta aislante
* Pegamento termofusible
* Cuerda
* Palos o cañas de bambú
* Piñas
* Palitos bajalenguas

Paso a paso

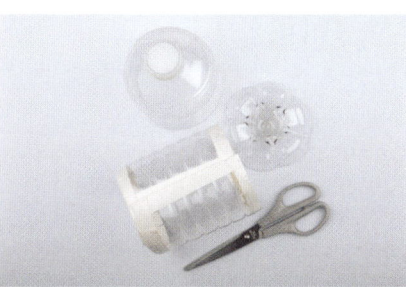

1 Corta ambos extremos de una botella grande de plástico y quédate con la parte central. Haz un corte a lo largo y cubre el filo de los bordes con cinta aislante. Con este corte podrás adaptar el tamaño de la botella a su contenido. Usa una botella de plástico ya que protegerá los materiales de la lluvia.

2 Utiliza la cuerda para crear los diferentes ambientes. Para ello tu peque va a necesitar más asistencia. Ata varios trozos de caña de bambú o palitos del mismo largo que la botella. Haz lo mismo con varias piñas. Forma túneles uniendo cuatro palitos bajalenguas con pegamento termofusible y sujétalos también con un trozo de cuerda.

3 Ata los tres ambientes juntos con la cuerda, haciendo dos nudos en diferentes alturas. Deja los cabos largos. Haz dos agujeros en la botella con las tijeras, coloca los ambientes dentro y pasa los cabos por los agujeros. Así podrás colgar el hotel donde quieras. Ajusta la botella al contenido y ciérrala con cinta.

Tips e ideas

» Coloca el hotel en un **lugar tranquilo y protegido** del viento, preferiblemente **cerca de plantas o árboles** donde los insectos ya habitan. Asegúrate de que tenga sombra parcial para evitar que se caliente demasiado.

OJO AL PLATO

Esta actividad es muy divertida y perfecta para animar a tus pequeños exploradores a observar su entorno y aprender vocabulario relacionado con la naturaleza. Solo necesitas uno de los platos de cartón que solemos llevar cuando salimos a hacer un pícnic. Hazle unos cortes alrededor con las tijeras para crear pestañas y, en cada una, escribe o dibuja algo que los peques deben encontrar a su alrededor. ¡Verás lo entretenido que es! Además, aprenderán mientras prestan atención a los detalles de los elementos naturales que les rodean.

Puedes adaptar el nivel de dificultad y hacer dibujos de elementos sencillos y fácilmente reconocibles para los más peques de la casa.

Necesitas:

* Platos de cartón
* Tijeras
* Rotulador

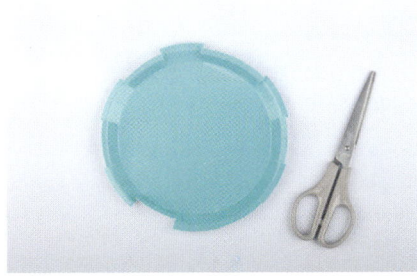
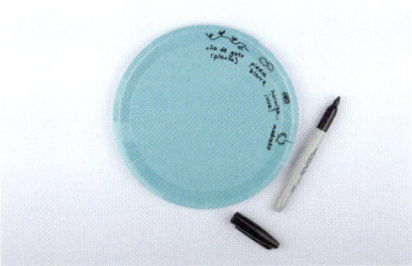

Paso a paso

1 Haz cortes de 1 o 2 cm de profundidad alrededor del borde del plato de cartón con unas tijeras. De esta manera, la circunferencia del plato quedará dividida en pestañas que podrán doblar fácilmente.

2 Dibuja y escribe en cada pestaña el nombre de un elemento natural que los peques deben encontrar a su alrededor y colocar sobre el plato. Cada vez que encuentren uno, pueden doblar la pestaña correspondiente para marcar que ya lo han hallado.

Tips e ideas

» Puedes convertir esta actividad en una **divertida competición** para ver quién encuentra todos los elementos primero, o fijar un tiempo límite y luego comparar cuántos ha encontrado cada participante.

» Este **juego** se puede hacer también en **interiores**, utilizando pequeños objetos que se puedan encontrar en casa. Incluso puedes probarlo durante la sobremesa de una comida en familia para añadir un toque de diversión extra.

AGRADECIMIENTOS

Gracias a mi pequeña gran tribu. No seremos muchos, pero nuestro amor ocupa un mundo entero. Ocupamos tanto, que ya hemos llegado hasta el cielo.

Mamá, lo más duro de escribir este libro ha sido no poder compartirlo contigo. Mi editor no lo sabe, pero nosotras sí sabemos quién dirigió su atención para hacer clic en esa web llamada Agujetas Maternales.

Papá, siempre has sido un ejemplo de fuerza y determinación. Gracias por estar ahí, apoyándome en todo lo que has podido, y por hacer que este sueño esté hoy en nuestras manos. Gracias por creer en mí.

Gracias también a mi marido, Ale. Sin tu apoyo incondicional a todos los niveles, este libro no habría sido posible. Gracias por estar a mi lado a cada paso de esta aventura.

Gracias a mis peques Unai, Nerea y Asier. Gracias, chicos, por vuestra paciencia estos meses. Sois los modelos más maravillosos del mundo. Gracias por aguantar todas las locuras de esta madre. Si yo tengo agujetas maternales, vosotros debéis de tener agujetas filiales.

Y, finalmente, gracias a Carlos, mi editor, por apostar por mí sin apenas conocerme y darme la oportunidad de plasmar quién soy en este libro. Siempre hemos dicho que cruzar nuestras existencias ha sido una pequeña alineación astral. Gracias por tu entusiasmo, tu empatía y tu dedicación.

Naiara